高职劳动教育实务

主　编　毕　轶　何　檀
副主编　刘　影　杜　倩
主　审　于景洋

哈尔滨工业大学出版社

内 容 简 介

本书独创高职劳动教育课程内容体系,包括5个篇章7个模块,涵盖劳动思想教育、劳动知识教育、劳动技能教育、劳动安全教育、劳动法规教育、劳动实践指导等多项内容,旨在帮助学生树立正确的劳动观念、掌握必备的劳动能力、培育积极的劳动精神以及养成良好的劳动习惯。

本书编写遵循教育规律,兼具思想性与实践性,注重教育实效,穿插设计实践活动,强调动手动脑。本书适合作为高等职业院校劳动教育公共基础课教材,也可作为劳动教育研究参考用书。

图书在版编目(CIP)数据

高职劳动教育实务/毕轶,何檀主编. —哈尔滨:哈尔滨工业大学出版社,2024.12. —ISBN 978-7-5767-1836-2

Ⅰ.G40—015

中国国家版本馆 CIP 数据核字第 2024LH1562 号

策划编辑　闻　竹　常　雨
责任编辑　佟　馨　陈　洁
封面设计　童越图文
出版发行　哈尔滨工业大学出版社
社　　址　哈尔滨市南岗区复华四道街10号　邮编150006
传　　真　0451-86414749
网　　址　http://hitpress.hit.edu.cn
印　　刷　哈尔滨起源印务有限公司
开　　本　787 mm×1 092 mm　1/16　印张 9.75　字数 243 千字
版　　次　2025 年 3 月第 1 版　2025 年 3 月第 1 次印刷
书　　号　ISBN 978-7-5767-1836-2
定　　价　68.00 元

(如因印装质量问题影响阅读,我社负责调换)

前　言

2020年3月，中共中央、国务院印发的《关于全面加强新时代大中小学劳动教育的意见》面向全党全社会，立足国之大计、党之大计，提高劳动教育站位，把劳动教育摆在突出位置，强调劳动教育是一项系统工程，要以马克思主义劳动观为指导，坚持全员、全方位、全过程设计。2022年5月1日起施行的《中华人民共和国职业教育法》将"培育劳模精神、劳动精神、工匠精神""进行职业启蒙、职业认知、职业体验，开展职业规划指导、劳动教育"等写入了职业教育基本法则。党的二十大提出："全面贯彻党的教育方针，落实立德树人根本任务，培养德智体美劳全面发展的社会主义建设者和接班人。"

劳动教育被赋予了新的时代内涵和实践要求。它不仅要求学生掌握一定的劳动技能，更强调通过劳动实践培养学生的责任感、创新精神和团队协作能力。劳动教育的实施，旨在引导学生树立正确的劳动观念，认识到劳动是实现个人价值、促进社会进步的重要途径。通过劳动教育，学生能够更好地理解劳动的光荣和劳动者的伟大，从而在全社会形成尊重劳动、崇尚劳动的良好风尚。

本教材紧密贴合高职教育中劳动教育课程的教学目标，立足于实现立德树人的核心任务，致力于培养适应新时代社会主义建设需求的人才，力求实现知识性与趣味性、理论性与实践性的有机结合，同时兼顾教师授课、学生实践及技能训练的多元需求，创新性地构建编写框架，精心挑选教材案例。

全书分为认知篇、德行篇、实践篇、法律篇、拓展篇，旨在将劳动观念和劳动精神教育融入人才培养的全过程，覆盖家庭、学校、社会等各个领域；注重引导学生在学习和掌握基础劳动知识与技能的同时，深刻理解劳动的意义与价值，从而培养其勤俭、奋斗、创新、奉献的劳动精神；特别强调劳动安全教育，确保学生在参与劳动实践时能够掌握必要的安全知识和技能，保障自身安全；精选新中国成立以来各个时期劳动模范的先进事迹，通过情感传递的方式，再现了大国工匠的成长历程，弘扬了劳动最光荣、劳动最崇高、劳动最伟大、劳动最美丽的核心理念。

总之，本教材旨在为高职学生提供一个全面、系统、实用的劳动教育学习材料，帮助他们成长为既有专业技能又有社会责任感的新时代劳动者。我们期待本教材为推动我国劳动教育的发展贡献一份力量。

本教材由教育专家、行业精英和一线教师共同编写，他们凭借丰富的教学经验和深入的行业洞察,共同打造这本教材。本教材由黑龙江建筑职业技术学院毕轶、何檀担任主编,于景洋担任主审,刘影、杜倩担任副主编。

在编写过程中,编者参阅了许多同行专家的论著文献、网络资源和相关的研究成果,在此向相关作者一并表示感谢!由于编者水平有限,加之编写时间仓促,书中难免存在疏漏,恳请读者批评指正。

编者

2024 年 11 月

目 录

认知篇

第一模块　劳动与劳动教育 ··· 3
　　学习单元一　劳动和劳动的意义 ································· 4
　　学习单元二　劳动的内涵与分类 ································· 5
　　学习单元三　新时代大学生劳动教育的实施 ····················· 7
　　情境单元一　案例解析 ·· 12
　　情境单元二　讨论 ·· 14
　　扩展阅读 ·· 14

德行篇

第二模块　劳动态度与职业道德 ····································· 19
　　学习单元一　劳动品德和劳动精神 ······························ 19
　　学习单元二　个人与团队精神 ·································· 29
　　学习单元三　创新创业精神 ···································· 30
　　学习单元四　职业生涯规划 ···································· 32
　　学习单元五　职业道德与职业精神 ······························ 33
　　情境单元一　案例解析 ·· 36
　　情境单元二　讨论 ·· 37
　　扩展阅读 ·· 38

第三模块　劳模精神与工匠精神 ····································· 40
　　学习单元一　劳模与劳模精神 ·································· 40
　　学习单元二　大国工匠和工匠精神 ······························ 52
　　学习单元三　技能竞赛与工匠成长 ······························ 58
　　情境单元一　案例解析 ·· 59
　　情境单元二　讨论 ·· 62
　　扩展阅读 ·· 64

实 践 篇

第四模块　锤炼劳动技能 ·· 75
- 学习单元一　创新劳动能力培养 ·· 75
- 学习单元二　生产生活劳动 ·· 79
- 学习单元三　专业思维和专业知识 ······································ 86
- 学习单元四　专业技能和实践 ·· 88
- 情境单元一　案例解析 ·· 92
- 情境单元二　讨论 ·· 93
- 扩展阅读 ·· 94

第五模块　劳动安全 ·· 97
- 学习单元一　树立安全意识 ·· 97
- 学习单元二　生产安全 ·· 98
- 学习单元三　劳动防护用品使用 ·· 101
- 学习单元四　安全操作常识 ·· 104
- 学习单元五　安全救护知识及应急处理预案 ······························ 106
- 情境单元　案例解析 ·· 109

法 律 篇

第六模块　劳动权益保护 ·· 115
- 学习单元一　劳动权益基本内容 ·· 115
- 学习单元二　劳动权益保护意识培养 ···································· 119
- 学习单元三　劳动相关法律 ·· 120
- 情境单元一　案例解析 ·· 125
- 情境单元二　讨论 ·· 129
- 扩展阅读 ·· 131

拓 展 篇

第七模块　未来劳动 ·· 137
- 学习单元一　劳动改变世界 ·· 137
- 学习单元二　人工智能改变劳动方式 ···································· 138
- 学习单元三　人工智能与未来劳动 ······································ 140
- 情境单元一　案例解析 ·· 142
- 情境单元二　讨论 ·· 143
- 扩展阅读 ·· 144

参考文献 ·· 147

认知篇

第一模块　劳动与劳动教育

中国自古以来便是农业大国,诚实劳动、辛勤劳作一直以来都是中华民族推崇的高尚品格。新时代大学生劳动教育对中华优秀传统文化进行系统梳理和探索,吸收其劳动品德、劳动精神等相关内容,深入领会其文化精髓后贯彻到劳动教育之中,不断充实和扩展新时代大学生劳动教育的内容,增强其说服力、感染力。这对于大学生树立正确的劳动观念大有裨益。

耕读结合的生活方式一直以来是我国古代人民的基本生存形态,就此形成了"耕读传家久,诗书继世长"的耕读文化。耕读结合即耕作和学习并进,以"耕"为生存之本,视"读"为迁升之路,农忙而作,闲来读书。耕读文化一般有两种模式:一是自上而下的,士大夫们读书之余从事农业生产;二是自下而上的,百姓耕作之余亲自或督导子弟读书。这种耕读文化不仅能够促进士大夫走进田园,通过耕作劳动体悟"道"与"德",实现格物致知;而且能够使百姓通过读书立志、修身、明理,更能考取功名,实现个人发展。耕读文化培养出了一大批古代农学家、田园诗人,产出了如《补农书》《四民月令》《归去来兮辞》《四时田园杂兴》等大量农学著作和田园诗词。耕读结合便是中国古代最初的实现劳动和教育有效结合的生活方式。

劳动与教育相结合的教育理念由耕读文化孕育而生。基于古代人民耕读结合的基本生活形态,诸子百家提出了一些教育与生产劳动相结合的主张。《墨子·修身》记载了墨子所提出的"士虽有学,而行为本焉"的教育理念,明确强调教育要与生产劳动相结合。墨家一贯认为修身是立身行事之本,墨子的教育思想阐述了劳动实践、自省等方法的重要作用——把学问应用于劳动实践,达到学以致用,如此才得以修身。墨子提出的这一思想,对中国劳动教育史来说有开创性意义。

无论是传统耕读文化还是教育与生产劳动相结合的教育理念,都从理论和实践的层面凸显了劳动和教育之间的密切联系,都是中华优秀传统文化的凝结与升华,新时代大学生劳动教育应充分吸收借鉴其中的精华内容。

马克思指出:"劳动是整个人类生活的第一个基本条件。"劳动和教育相结合是改造现代社会的最强有力的手段。

马克思和恩格斯劳动观教育思想的核心是教育与生产劳动相结合。他们以前人的思想为指导,通过分析资本主义社会的劳动关系和社会状况,提出要让教育和生产劳动相互促进,发挥二者的合力作用。马克思指出:"未来教育对所有已满一定年龄的儿童来说,就是生产劳动同智育和体育相结合,它不仅是提高社会生产的一种方法,而且是造就全面发展的人的唯一方法。"我们可以从《共产党宣言》的叙述中看到,马克思和恩格斯已经意识到生产力的发展与科学技术的进步有着密不可分的关系。因此,必须在教育的基础上不断引导劳动者熟练掌握现代科学技术、融入现代化教学理念、创新劳动方式,从而推动整个社会的进步与发展。

2018年9月,习近平总书记在全国教育大会上明确提出将劳动教育纳入社会主义建设者和接班人的总体要求,必须构建大中小学劳动教育体系,全面落实党的教育方针。2020年3月20日,中共中央、国务院发布《关于全面加强新时代大中小学劳动教育的意见》(以下称《意见》),针对构建德智体美劳全面培养的教育体系、加强学校劳动教育进行总体规划和具体指导。《意见》提出:"劳动教育是中国特色社会主义教育制度的重要内容,直接决定社会主义建设者和接班人的劳动精神面貌、劳动价值取向和劳动技能水平。长期以来,各地区和学校坚持教育与生产劳动相结合,在实践育人方面取得了一定成效。"

学习单元一 劳动和劳动的意义

一、什么是劳动

劳动可作为动词使用,指劳作或活动。如《庄子·让王》中有:"春耕种,形足以劳动;秋收敛,身足以休食";《三国志·魏书·方技传》中有:"人体欲得劳动,但不当使极尔";宋或在《萍洲可谈》中谈到:"但人生恶安逸,喜劳动,惜乎非中庸也。"作为名词时,劳动指的是那些能够创造财富的活动,比如物质和精神方面。《文史哲百科辞典》认为劳动是"人们使用工具改造自然之物,使之适合自己需要的有目的的活动,即劳动力的使用或消费,包括脑力劳动和体力劳动"。马克思指出:"劳动首先是人和自然之间的过程,是人以自身的活动来引起、调整和控制人和自然之间的物质变换的过程。"

劳动是人们有意识地改造自然和社会的实践活动,是人类生存和发展的基本方式。马克思曾指出:"任何一个民族,如果停止劳动,不用说一年,就是几个星期,也要灭亡,这是每一个小孩都知道的。"

2013年4月28日,习近平在同全国劳动模范代表座谈时指出:"人民创造历史,劳动开创未来。"劳动是推动人类社会进步的根本力量。幸福不会从天而降,梦想不会自动成真。实现我们的奋斗目标,开创我们的美好未来,必须依靠辛勤劳动、诚实劳动、创造性劳动。我们说"空谈误国,实干兴邦",实干首先就要脚踏实地地劳动。

二、劳动的意义

中华民族自古以来就有热爱劳动、艰苦奋斗的传统美德,一代又一代中华儿女在劳动中创造幸福生活。在中国古代社会中,人民对劳动的最切身体会来源于农业生产劳动,农业作为与人们生活息息相关的重要内容,影响着人们的生计、教育、思想等。

《左传·宣公十二年》中有"民生在勤,勤则不匮",说明唯有辛勤劳动,才能避免物质财富的匮乏。古人还反对坐享其成,《孟子·滕文公下》曰:"士无事而食,不可也。"秦始皇统一六国以后,大力提倡发展农业生产,鼓励百姓参与农业劳动,并且对其进行相应的劳动教育,使其掌握正确的劳动方式、方法以提高农业产量,以此恢复国力。西汉初期,统治者采取"休养生息"政策。其中,奖励农耕、劝课农桑这些政策在很大程度上使农民有了积极投入农业劳动的动力,使其主动参与到劳动中来。西汉晚期,《氾胜之书》专门汇总了以往生产劳动的经验,对农业劳作的技术进行了详尽的记载。东汉末年,道家思想的传承者王充主张在实践中积累经验,提高自己的认知,体现了劳动实践的重要性。

魏晋南北朝时期更加注重知识和劳动的结合,陶渊明在《归去来兮辞》中写道:"悦亲戚之情话,乐琴书以消忧。农人告余以春及,将有事于西畴。"在这里,诗人勾画出了读书与农作相结合的场景,可见当时已有教育与劳动的结合。唐朝的韩愈主张教劳结合,反对教劳分离,并在其作品《师说》中痛斥了士大夫轻视手工艺人的作用这一社会现象。

清朝时期,顾炎武、王夫之、颜元等人力倡"经世致用"。他们提倡要把学堂的教育和相应的劳动结合起来,使教育理论得到应用和发展。其中,颜元主张要从德、智、体等方面来发挥劳动教育的作用,使人们在劳动中不断提高劳动本领,体会劳动的快乐。他说:"人心动物也,习于事则有所寄,而不妄动。故吾儒时习力行,皆所以治心。"这指出了劳动的重要意义,只有参与劳动、创造劳动果实,心灵才不会空虚,同时也不会产生私心杂念,从而对人形成困扰。同时,他认为劳动也能产生智慧,尤其是农业知识的传授使人增长智慧、锻炼本领。此外,他还提出"常动则筋骨辣,气脉舒"的思想,即劳动可以让人的筋骨强壮,气血经脉更加畅通。由此可见,养成劳动的习惯可以保持健康的体魄。

劳动思想是几千年中华优秀传统文化的精华,突出了劳动对个人和社会发展的重要意义。其中,墨子的"士虽有学,而行为本焉"这一思想至今都有着十分重要的作用,为我们当下研究劳动提供了有益借鉴。

学习单元二　劳动的内涵与分类

一、劳动的内涵

马克思与恩格斯认为:劳动创造了价值。教育与生产劳动相结合的思想,是马克思主义教育学说的重要内涵。在《资本论》中,马克思从劳动价值观的视角对劳动本质进行了探讨,他认为劳动本质基于劳动者立场,目的在于促进劳动者的全面发展。青年学生肩负中华民族的未来,为了实现中华民族伟大复兴的中国梦,离不开"学习、实践、创造、职业、发展"这五个人生关键词,而这些正是马克思主义理论体系中劳动本质理论不可或缺的要素。厘清劳动与学习、实践、创造、职业及发展之间的内在关系,深入认识和理解劳动内涵,对帮助学生树立正确的劳动价值观、促进学生的全面发展、推动我国教育事业的改革与发展、培养社会主义建设者和接班人均具有重要的指导意义。

1. 劳动与学习

马克思说,劳动是人类的本质。康士坦丁·德米特利耶维奇·乌申斯基则提出,学习是劳动,是充满思想的劳动。面对飞速发展的现代社会,学习使劳动走向信息化、网络化、数据化、科学化,二者的关系越来越紧密。

劳动与学习相辅相成,二者共同影响着我们的工作和生活。一方面,学习作用于劳动。学习新知识、新技能可以帮助我们更好地从事劳动实践。另一方面,劳动反作用于学习。在劳动的过程中,我们可以发现新问题,认识到自己的不足,使学习更具针对性。要培养有社会主义觉悟的、有文化的劳动者,必须采用教育与生产劳动相结合的方式。从某种程度上说,青年学生要一边学习,一边劳动;既要搞好学习,又要搞好劳动。青年学生在学校学习的过程,实质上就是知识化的过程,同时也是劳动化的过程。劳动助力学习,主要包括四个方面:劳动有助于明确学习目标与任务;劳动有助于认识学习的价值与意义;劳动有助于探索学习方式与途径;劳动有助于缓解学习压力。

2. 劳动与实践

劳动来源于实践,实践包含劳动,二者均指向人的活动。劳动是人类创造物质财富和精神财富的活动,包括体力劳动和脑力劳动;实践是人们有意识地改造自然和改造社会的活动。可见,它们的概念都包含:主体(人)和客体(自然与社会)。劳动与实践的结构概念是基本一致的,都有体力和脑力的付出,都能创造物质财富和精神财富。

从狭义上看,并不是所有的实践都是劳动。劳动是实践的一种,在商品经济里,劳动专指创造商品的活动,即只有那些能够生产出用于交换的劳动产品(商品)的活动。此时劳动的目的性、指向性、功能性更为具体和明确。但是,实践的包容性更大,即使是在商品经济时代,实践也是从非商品实践开始的,因为人类的社会生产不只有商品生产,还有非商品生产。

3. 劳动与创造

"人有两个宝,双手和大脑。双手会做工,大脑会思考。用手又用脑,才能有创造。"创造的发生离不开劳动。劳动可以使创造更具象,因为创造不是凭空想象,而是劳动过程中的创新行为。这种创造的发生并非偶然,它是劳动从量变走向质变的过程。劳动本身就是一种创造性的活动,世界上无数的发明成果皆由劳动创造。教育家陶行知曾经说过,"在劳力上劳心,是一切发明创造之母。事事在劳力上劳心,便可得事物之真理。"这句话充分道出了创造与劳动的直接关系。如果没有劳动,便没有创造,人类也将永远停留在原始社会,根本不会创造出当下的物质财富和精神财富。

习近平总书记非常重视高素质劳动者、创造性人才,他在讲话中多次提到"劳动"与"创造":"劳动者素质对一个国家、一个民族发展至关重要。劳动者的知识和才能积累越多,创造能力就越大。""要教育孩子们从小热爱劳动、热爱创造,通过劳动和创造播种希望、收获果实,也通过劳动和创造磨炼意志、提高自己。""把蕴藏于工人阶级和广大劳动群众中的无穷创造活力焕发出来。"实干与创造在习近平总书记的"劳动观"中是相辅相成的。

4. 劳动与职业

苏霍姆林斯基认为,脱离劳动,没有劳动,就没有、也不可能有教育。劳动教育对于学生未来的职业发展尤为重要。劳动是人类的本质活动,职业是个体与社会建立联系的桥梁,二者的有机结合能使青年学生获得关于劳动、职业的基本认知,使其形成初步的劳动情感、职业理想和职业伦理,进而为青年学生职业生涯的规划和人生理想的实现提供指导。同时,从劳动的价值来看,良好的劳动习惯和积极的劳动态度可以有效提升学生的职业发展空间。

职业教育是与劳动操作密切相关的专业教育,其培养目标本身包含工作或劳动技能的培育。职业教育培养的是面向生产一线、从事专业劳动和专业生产的技术技能人才,既包括实体经济中生产物质资料的技术技能人才,也包括服务业中提供生产性服务和生活性服务的技术技能人才。因此,职业教育的劳动是与生产实践和专业发展相结合的。

5. 劳动与发展

劳动是实现学生全面发展的重要途径,学生的发展最后都应落实到劳动中来。"德、智、体、美、劳"是学生全面发展的五大要素,缺一不可。只有当德、智、体、美践于劳动中时,人才能真正地实现全面发展。由此可见,劳动在人的终身发展中,特别是在青年学生全面、自由的发展过程中起到了至关重要的作用。

人的任何一种思想认识或感受,都来源于劳动实践。劳动实践的机会越多,认识或感受便越深。通过劳动,人的道德品质能够得到不断提高。同时,劳动还能促进智力发展。现代科学已经证明,良好的动手能力是智力发展的重要基础。各种不同形式、不同内容的劳动,特别是那些比较复杂的劳动,不仅需要大脑下达命令,而且需要人体各器官协调配合,从而实现劳动效率的提高。由此可见,劳动能训练广大学生手脑并用的能力,有利于促进智力的发展。

民生在勤,勤则不匮。从某种程度来说,劳动是发展的基础,劳动成就了发展。而发展也会反作用于劳动,提高劳动效率、变革劳动方式、促进社会发展。

二、劳动的分类

按照不同的分类标准,劳动分为不同类型。

1. 脑力劳动与体力劳动

马克思认为创造商品价值的劳动既包括体力劳动,也包括脑力劳动。他说,"我们把劳动或劳动能力,理解为……体力和智力的总和。"任何劳动都是人类劳动力生理学意义上的消耗,是脑力和体力的统一。脑力劳动和体力劳动的分工都是社会分工的产物。

2. 简单劳动与复杂劳动

简单劳动是指不需要经过专门训练和培养的一般劳动者都能从事的劳动。复杂劳动是指需要经过专门训练和培养,具有一定文化知识和技术专长的劳动者所从事的劳动。商品的价值量同简单劳动和复杂劳动有密切的关系,在相同的劳动时间里,简单劳动创造的价值小于复杂劳动创造的价值。

3. 重复性劳动与创造性劳动

重复性劳动维持人类经济社会中的简单再生产与扩大再生产。创造性劳动指发现、探索和使用不曾使用过的知识、技能、手段、工具、材料等生产新的产品或创新生产方式,从而以更高的效率从事劳动。重复性劳动只能促使人类社会生产过程的量变,而创新性劳动可以引发人类社会生产过程的质变。一般来说,创造性劳动产品新颖、独特、具有唯一性,从事创造性劳动的劳动者比从事重复性劳动的劳动者有更多选择空间,在社会竞争中处于更加有利的位置。

学习单元三 新时代大学生劳动教育的实施

新时代加强大学生劳动教育是贯彻落实高校立德树人根本任务、完善社会主义教育体系、培养堪当大任的时代新人的关键举措,坚持系统观念,将新时代大学生劳动教育视为一项系统工程,从观念、教学、体系、保障这四个维度统筹发力,全面推进新时代大学生劳动教育深化发展,取得更大成效。系统全面地增强新时代大学生劳动教育实效,为我国劳动教育事业的发展提供可行的参考路径,为实现大学生的全面发展贡献力量。

一、在校园文化中厚植劳动光荣思想

1. 将劳动教育摆在重要位置

革新传统教育观念,促进智育和劳育平衡发展,重构人才培养体系的顶层设计,将劳动教育视为落实立德树人和强化高校育人体系的重大战略措施,进一步完善学校各项政策制度,由上至下为营造劳动至上的校园文化氛围提供坚实保障。

2. **建立劳动教育社团组织**

社团是大学生运营的校园团体组织,是大学生丰富校园生活的一大根据地,对于大学生来说具有自我教育功能。要想在校园文化中厚植劳动光荣思想,学校必须引导大学生建立与劳动教育相关社团,如电器维修、烹饪技术、园艺技术等,设立各项制度和措施以吸引学生加入来保障劳动教育社团的健康运行,随着劳动教育社团不断开展活动,潜移默化地助力营造良好的校园劳动氛围。

3. **在校园广泛开展劳动教育宣传活动**

营造良好的校园劳动氛围,最普遍和适用的方式就是广泛开展与劳动相关的各类宣传活动。高校应充分挖掘本地和本校的劳动教育文化资源,在校园设立劳动教育宣传栏,深化大学生对马克思主义劳动观、劳动法律、劳动常识等内容的理解;校园广播站和微信新媒体也要加大对劳动教育理论和劳动楷模事迹的宣传,大水漫灌式影响大学生的校园生活。

二、加强大众媒体的宣传引导

在社会上营造浓厚的劳动文化就必然绕不开大众媒体的宣传引导。大众媒体应充分贯彻党中央和国家的政策理念,引导学生树立正确的价值观。同时,在新媒体时代,大学生获取信息的速度之快、范围之广、内容之多难以想象,扭转大学生中存在的不良劳动观念,必须加强大众媒体的宣传引导。

1. **大众媒体加强劳动教育宣传**

当下主流大众媒体有责任、有义务担起文化宣传职责,时常主动发布劳动模范事迹、大国工匠事迹、劳动法律常识、劳动技能教学等内容,并且积极举办劳动教育网络活动,设置有纪念意义的奖项,吸引大学生参与其中,并发布与自身息息相关的作品,在协同营造良好的社会劳动文化氛围的同时实现有效的自我教育。

2. **大众媒体加强网络内容的审核**

大众媒体必须强化网络内容审核机制,制定严格的作品发布条例,对于一些违反正确劳动价值观的作品一律禁止或者予以揭露,并且联合相关部门追究不良作品的作者的法律责任,充分发挥对劳动价值观念的正向引领作用。

三、发挥中国精神的典范作用

全国劳模和先进工作者是各行各业劳动群众的杰出代表,他们所展现出的劳模精神、劳动精神、工匠精神都是以爱国主义为核心的民族精神和以改革创新为核心的时代精神的生动体现。可以通过大力弘扬劳模精神、劳动精神、工匠精神等伟大中国精神,在全社会范围内营造良好的劳动文化氛围,充分发挥中国精神的典范引领作用,帮助学生在实现全面发展的道路上树立正确的劳动价值观。

1. **中国精神引导学生树立正确的劳动价值观**

高校和企业应深入解读并且大力弘扬劳模精神、劳动精神、工匠精神等伟大中国精神,将这些伟大精神的相关案例纳入劳动教育课堂教学中,并且邀请劳动模范和先进工作者走进大众媒体及校园讲堂,以讲座报告的形式讲述自己的亲身经历,让学生们在一件件实例中真切体会到劳动最光荣、劳动最崇高、劳动最伟大、劳动最美丽的核心意义,深刻理解劳动创造历史、劳动开创未来的深刻含义。

2. 中国精神引领学生全面提升劳动技能

先进工作者、劳动模范、大国工匠身上不仅闪耀着伟大的中国精神,他们还掌握着卓越的劳动技能。为先进工作者、劳动模范、大国工匠们提供公共展示平台,向广大学生群体展示精湛技艺,激发学生学习卓越劳动技能的热情,在全社会营造崇尚工匠技艺的浓厚氛围。

四、完善大学生劳动教育课程

基于当前大多数高校没有专门开设劳动教育课程或将劳动教育课程融入其他课程之中,劳动教育课程形式单一、内容枯燥的现状,高校必须完善大学生劳动教育课程体系,以此打通劳动教育堵点、难点。一方面,高校应将大学生劳动教育课程与其他专业课程置于同等地位。劳动教育课程应与其他专业课程一样成为必修课程,使劳动教育成为大学生培养的必要环节,并制定劳动教育课程教学规划,合理设置课程学分,同时保证劳动理论教学和劳动实践教学比重均衡,保障劳动教育课程的实效。另一方面,高校应将大学生劳动教育课程与其他专业课程相融合。劳动教育是具有鲜明实践性特征的教育课程,能够充分实现理论教育和实践教育的统一。专业课程的学习主要以理论知识为主,而理论只有扎根实践才能充分发挥其指导作用。可以根据实际情况在劳动教育课程中加入专业课程元素,特别是在劳动实践教学课程中,应积极结合学生所学专业知识,引导学生正确地将专业知识应用于劳动实践,进而提升学生的专业应用能力,并且培养学生良好的劳动观念和态度。

五、丰富大学生劳动教育教材

俗话说"巧妇难为无米之炊",劳动教育教材体系的丰富完善,既是劳动教育教师开展教学的基本依托,又是激发大学生接受劳动教育兴趣的关键要素,同时也是推动高校合规律性、合计划性开展劳动教育的重要依据,主要可以从教材的目标和内容方面着手丰富完善大学生劳动教育教材体系。

1. 劳动教育教材目标的设定

劳动教育教材目标的设定要始终坚持总体目标和阶段目标的统一。一方面,劳动教育教材的编写和完善要围绕大学生劳动教育的总体目标来实施,即强化马克思主义劳动观教育,注重围绕创新创业,结合学科专业开展生产劳动和服务性劳动,积累职业经验,培育创造性劳动能力和诚实守信的合法劳动意识,最终为国家和社会服务。另一方面,也要根据大学生的成长规律明确不同年级大学生劳动教育的阶段目标,大一、大二的劳动教育教材更适合以劳动观念和服务性劳动的培养为目标,大三、大四的劳动教育教材则可以结合实习实训,以创新创业和生产性劳动的培养为主要目标。

2. 劳动教育教材内容的设定

在坚持劳动教育教材目标的设定总体和阶段相统一的基础上,层层递进、循序渐进地设定大学生劳动教育教材的内容,坚持因时而新原则,优化马克思主义劳动观的表述,使其更加通俗易懂、深入人心；更新劳动技能教学内容，使其更加契合学生自我需求；丰富劳动教育案例，加入最新劳模、工匠、先进工作者实例，增强教材的感染力。

六、壮大大学生劳动教育师资

劳动教育近两年才被纳入中国特色社会主义教育体系之中，仍处于蓬勃发展的初期阶段，呈现出劳动教育师资队伍难以满足学生实现全面发展所需以及劳动教育发展速度所需的现状，当前劳动教育师资队伍在总体数量和专业性上有待进一步提升。针对如何解决劳动教育师资队伍数量和质量问题，从以下两方面来着手。

1. 联合校内外各方师资，合力构建劳动教育师资队伍

《意见》明确指出，要采取多种措施，建立专兼职相结合的劳动教育师资队伍。由于长期以来大部分高校都未设立完善的劳动教育教师培养体系机制，导致具备专业劳动教育能力的教师较为紧缺，高校必须广泛联合校内外各方师资以满足劳动教育教师配比，保障育人效果。首先，在引进劳动教育专职教师之余，可以联合具有综合育人能力的思政课教师和具备专业技能的专业课教师，整合劳动教育内容并对其进行进一步重构优化后融入课堂之中，保障劳动教育成效。其次，充分挖掘社会师资力量，邀请劳模、工匠以及优秀社会人士担任大学生劳动教育兼职教师，组成社会兼职教师团，同时为其成立教研室、工作室，社会师资力量能够以真实经历和实战技能使劳动教育更加深入人心，取得新的成效。

2. 系统构建劳动教育师资培养发展机制

首先，学校可以通过校际合作，与其他高校以及社会行业联合建立劳动教育教师培养培训基地，共享劳动教育教师培养资源，制定系统完备的劳动教育教师培养规划，以保障劳动教育教师育人能力的养成。其次，制定完善劳动教育教师督导考核机制，对劳动教育教师的专业能力和育人成效进行定期考核，同时设立惩罚和奖励机制，增强劳动教育教师发展的内生动力。

七、形成大学生劳动教育协同格局

新时代，统筹推进大学生劳动教育深化发展既是改善当前劳动教育现状的现实要求，也是完善"五育并举"社会主义教育体系的必然要求。统筹推进大学生劳动教育深化发展是一项系统工程，应充分尊重育人规律、学生成长规律，把握劳动教育基本原则，实现新时代大学生劳动教育各阶段、各层面、各要素的相互耦合、相互衔接、同向同行，通过建立完善的大学生劳动教育协同体系来提升整体成效。

（一）发挥高校在大学生劳动教育中的主导作用

高校作为大学生接受教育的主要阵地，必须扛起劳动教育的重任，充分发挥育人主阵地的主导作用，在严格遵循学生成才规律和劳动育人规律的基础之上，从以下三个方面推动大学生劳动教育的深化发展。

1. 大学生劳动教育必须与思想政治教育联动

高校的思想政治教育工作是落实"立德树人"根本任务的关键工作，具备帮助大学生实现全面发展的综合育人功能。劳动教育同样也是全面培养体系中的关键一环，实现劳动教

育与思想政治教育的联动,既是满足深化大学生劳动教育的内在需要,又是增强思想政治教育工作实效的现实需求。可以将劳动教育内容有效融入马克思主义基本原理课程里马克思主义劳动观之中,融入思想道德修养与法律基础课程里个人道德修养之中,融入毛泽东思想和中国特色社会主义理论体系概论课程里中国精神之中……,二者相互支撑,相互增强成效。

2. 大学生劳动教育必须与专业课教育联动

大学生劳动教育的鲜明实践性决定了其与专业课程之间存在一定程度的内在统一性,专业课程教育虽然主要以理论为主,但其最终目的还是大学生能将所学理论知识运用于实践之中。

在遵循专业课基本内容的基础上,可以在不同的专业课教育过程中突出相关的劳动技能、劳动意识、劳动法律的知识培养。

3. 大学生劳动教育必须与实训实习联动

实训实习是和大学生劳动教育最为耦合的一项校园教育活动,高校应完善实训实习教育体系,将劳动教育内容有效融入其中。在实训实习教育过程中,不仅要注重劳动技能的培养,更要加强主动劳动观念、劳动法律观念、劳动创新意识等方面的培养,提高大学生的劳动综合素养。

(二)发挥家庭在大学生劳动教育中的基础作用

学生的劳动习惯、劳动态度大多是在家庭环境中潜移默化地养成,家庭教育贯穿了学生成长的全过程。虽然大学生多数时间在学校,但只有将假期期间的家庭教育重视起来,才能够真正实现全员、全过程、全方位育人,因此要从以下三方面入手,充分发挥家庭教育的基础作用。

1. 营造端正的家庭劳动氛围

学生劳动习惯和劳动态度的养成大多是学习、模仿家人行为或受家人影响,所以家长必须要以身作则,日常言语应体现出对劳动、劳动人民、劳动成果的充分尊重,并切实将劳动最光荣、劳动不分贵贱等正确的劳动观念践行于日常家庭劳动以及社会活动之中,为孩子树立榜样。家长带领孩子共同营造劳动光荣、热爱劳动的家庭劳动氛围,为孩子的全面成长做好保障。

2. 树立端正的家庭劳动观念

家长要改变传统的教育理念,特别是要扭转重智轻劳的育人观念。在开展家庭教育的过程中,家长应将理论学习和家庭劳动摆在同等位置,应将家庭劳动视为孩子成长过程的重要教育手段,积极鼓励和引导孩子主动参与家务劳动。同时,在择业观的养成方面,家长也要帮助孩子树立正确的择业观念,使其能深刻认识到体力劳动岗位与脑力劳动岗位一样都能创造价值、实现理想,深刻理解劳动创造未来、要为社会主义建设贡献自身的劳动力量。

3. 拓宽学生的家庭劳动途径

家庭劳动教育不能只局限于让孩子参与拖地、洗碗、擦桌子之类的简单家务劳动,家长必须不断丰富家庭劳动要素,激发孩子参与家庭劳动的积极性和主动性。家长可以在家中准备专业的修理工具、厨房器具、园艺工具等多样化劳动要素,为孩子提供多样化的家庭劳动平台,不断拓展家庭劳动的方法、方式。

情境单元一　案例解析

【案例 1.1】

李冰父子治水的六字诀和八字真言

李冰是我国战国时期杰出的水利工程学家,都江堰的设计者和兴建工程的组织者。都江堰整个工程是由分水堰、飞沙堰和宝瓶口三个主要工程组成的。它规模宏大,地点适宜,布局合理,兼有防洪、灌溉、航行三种作用,在世界水利工程史上也是罕见的奇迹。

两千多年来,都江堰水利工程一直发挥着重要的排灌作用,确保当地的农业生产。"深淘滩,低作堰"是李冰父子治水的六字诀;"逢正抽心,遇弯截角"是治水的八字真言。"深淘滩"是指淘挖淤积在江底的泥沙要深些,以免内江水量过小,不敷灌溉用;"低作堰"是指飞沙堰堰顶不可修筑太高,以免洪水季节泄洪不畅,危害成都平原。"遇弯截角"是指岁修时遇河流弯段,在凸岸截去锐角减缓冲势,使其顺直一些,减轻主流对河岸的冲刷。"逢正抽心"是指主河道的中心一定要深挖,让江水按照一定的轨道流淌,就是遇到顺直的河段或河道叉沟很多时,应当把河床中间部位挖深一些,达到主流集中的目的,使江水"安流顺轨",避免冲毁河岸,毁坏农田。

【案例 1.2】

钟新跃:流水线上的"老神医"

从一名普通的机修工,变身机修战线上的"神医",这条路该怎么走?湖南汉森制药股份有限公司工程部机修班班长钟新跃给出了答案。

全国五一劳动奖章获得者、湖南省劳动模范、湖南汉森制药有限公司工程部机修班班长钟新跃,朴实的外表透出坚定与沉稳。1984年,年轻的钟新跃来到益阳制药厂(湖南汉森制药股份有限公司的前身),当上了一名机械维修工,这一干就是36年。"一身油、一身汗"的日子里,他练就了一套望、闻、问、切的"看病本领",厂里所有机器出现故障,他都能手到"病"除,保障设备隐患整改率100%,每年为公司创造经济效益上百万元。

他用实践证明:小小的机电维修空间里,也能走出能工巧匠。

平凡岗位创不凡

汉森制药作为湖南省重点医药工业企业和高新技术企业,目前有大输液生产线、小针生产线、口服液生产线、固体制剂生产线等,分布在数十间厂房。面对每年都在更新的新设备、新知识,钟新跃开始像一个学徒工一样从头学起。

"以前只是按部就班地修修机器,直到现在的机器越来越先进,经常出问题,才警觉我们应该换一种思维方式了,要主动去了解机器、熟悉机器,要走在前面,"钟新跃讲道。

他每天的工作,就是奔走于各个车间,了解每台生产设备的构造原理、部件名称及工作状态,经过长时间的经验积累,设备的一些小问题、小毛病都逃不过钟新跃的眼睛和耳朵。

技术过硬促生产

汉森制药年生产能力为口服液5亿支、胶囊5亿粒,高效的背后,有着钟新跃和他的班组过硬的技术保障。

在一次巡视中,钟新跃听出设备停留在最高位时有异常响声,立即要求停机检查,发现连接轴自润滑轴承脱离工位三分之一,如再带病运行,随时会发生脱轴的严重事故。

发现这个问题后,如何更好地解决成了难题,上班之余,钟新跃一头扎进车间,潜心钻研解决方案,先后拿出了几套方案进行试验,结果都没能达到他心中的理想效果。他又转而学习机器的系统原理,看了一幅又一幅结构图,才有了灵感——给胶囊充填机加装密封套。改造后,一个星期、一个月、两个月,设备再没有出现任何异响的情况。

为确保产品质量、提高生产效率,钟新跃总是加班加点对设备进行改进,通过个人努力,把不少需要花钱换件的改为自己动手维修,成功地解决大输液生产线50 mL和100 mL两种规格转换生产设备的通用问题,对固体制剂车间自动包装线加装压缩空气吹瓶装置,避免生产过程中出现空瓶现象,产品收得率由70%提高到95%以上,为公司的生产经营保驾护航。

传授经验获快乐

智能化科技时代,汉森制药吹响了"全自动化"号角。钟新跃不仅自身技术过硬,还充分发挥传帮带作用,将自己的学习经验和维修技术毫无保留地传授给班员,带领更多的机修师傅转变观念,通过技术的合力更好地助力企业转型升级。

"面对各种技术挑战,师父从来不退却,总是带领着我们攻克一个又一个难题。他将自己的经验倾囊相授,不厌其烦地带着我们跑遍所有的车间,让我们熟练掌握各种维修技能。在师父的带领下,我们的技术也在不断提高。"机修班成员胡浩波说道。

每来一台新机器,钟新跃总是带领着班组成员一起研究、共同探讨。每解决一个难题,他总是在第一时间将自己的思路和解决方法传授给班组成员。当班组其他机修师傅遇到难题时,一声呼唤,钟新跃立马赶到,手把手地指导他们。

"每解决一个技术难题,我就多一分快乐。"钟新跃珍惜这个时代给他人生出彩的机会,更毫不吝啬地分享才智,完成时代交付的重任。

平凡的岗位也能成就卓越。在用铁锤、锉刀、螺丝笔演奏的维修交响曲中,看似粗犷却又处处闪现别出心裁的数百上千处改进,无论是重大技改还是零星维修,都饱含着钟新跃的智慧和汗水。从精益求精到创新求变,是他不变的承诺。

——摘自湖南频道

探索与思考

1. 阅读并分析以上案例,谈谈我们应如何理解劳动的意义。
2. 结合案例,谈一谈如何理解新时代劳动教育的育人价值。
3. 结合实际,谈谈作为高职学生,你认为在高等职业教育的人才培养方案中开设劳动教育课的必要性。

情境单元二　讨论

【活动一】

让青春在劳动中闪光

一、活动目标

帮助学生体会劳动创造美好生活,领会劳动的意义,养成热爱劳动的良好习惯。

二、活动时间

60分钟。

三、活动准备

教师将学生分成小组,每组4～6人,各个小组根据活动内容准备:
1. 关于劳动的诗词。
2. 领袖人物的劳动故事。
3. 劳动光荣的视频。

四、活动流程

1. 分享诗词并结合诗词讲述劳动与社会生活的关系。
2. 讲述领袖人物的劳动故事。
3. 播放劳动光荣的视频。
4. 写一篇关于劳动现实意义的感想,字数1 500字左右。

【活动二】

致敬普通劳动者

以小组为单位,组织一次"致敬普通劳动者"的主题活动,选择一个普通劳动者群体,向他们致敬。形式不限,要求用短视频的形式进行记录。

扩展阅读

古诗中的劳动之美

翻开我国古代诗歌作品,我们会发现,历代文人墨客写下了许多关于古人辛勤劳动的诗篇,歌颂了劳动之美,展现了劳动之乐。

《诗经》是我国最早的一部诗歌总集,里面就有大量描绘劳动生产的农事诗。《豳风·七月》是《诗经》中的一首诗,此诗反映了周代早期的农业生产情况和农民的日常生活情况,有重要的历史价值,是一首叙事兼抒情的名诗。全诗共八章。第一章从岁寒写到春耕伊始;第二章写妇女蚕桑;第三章写布帛衣料的制作;第四章写猎取野兽;第五章写一年将尽,为自己收拾屋子过冬;第六章写为公家采藏果蔬和造酒,为自己采藏瓜瓠、麻子、苦菜之类;第七章写收获完毕后为公家做修屋或室内工作,然后修理自家的茅屋;末章写凿冰的劳动和一年一次的年终宴饮。

现存最早记载劳动节日的是《吴越春秋》的一首八字诗《弹歌》:"断竹,续竹;飞土,逐宍。"该诗歌言简意赅地描写了原始狩猎劳动的全部过程:断竹,把竹子砍下来;续竹,把竹子接起来做成弓箭;飞土,出发打猎了,尘土飞扬;逐宍,箭头追逐着猎物,射中猎物。白描的手法不仅把一个原始的狩猎劳动场面写得生动有趣、气势恢宏,而且表达了古人对自己学会制造狩猎工具并参与劳动的自豪和喜悦。

最有情怀的劳动诗词当属陶渊明的《归园田居》:"种豆南山下,草盛豆苗稀。晨兴理荒秽,带月荷锄归。道狭草木长,夕露沾我衣。衣沾不足惜,但使愿无违。"全诗平淡自然、清新质朴、真挚感人,抒写了诗人对田园生活的热爱以及享受田园劳作之乐的惬意、闲适的心情。他在《庚戌岁九月中于西田获早稻》一诗中写道:"人生归有道,衣食固其端。孰是都不营,而以求自安?"告诫人们要自食其力,勤奋劳动,如果什么事都不做,又怎么能解决自己的温饱问题呢?

最有情趣的劳动诗词当属范成大的《四时田园杂兴·其三十一》:"昼出耘田夜绩麻,村庄儿女各当家。童孙未解供耕织,也傍桑阴学种瓜。"意为:白天在田里锄草,夜晚在家中搓麻线,村中男男女女各有各的家务劳动。小孩子虽然不会耕田织布,也在那桑树荫下学着种瓜。"大儿锄豆溪东,中儿正织鸡笼。最喜小儿亡赖,溪头卧剥莲蓬。"这一首辛弃疾的《清平乐·村居》也有异曲同工之妙,在描绘田园美好生活的同时,道出了劳动习惯是耳濡目染从小培养出来的。

人世间的一切幸福都需要靠辛勤的劳动来创造,劳动最光荣,劳动最伟大,劳动最美丽。劳动成就光荣与梦想。崇尚劳动、热爱劳动、尊重劳动永远是中华民族的传统美德。

——摘自光明网

从《山海情》学习群众工作三种精神

《山海情》这部热播剧讲的是西海固的人民响应国家扶贫政策的号召,在党和政府的带领下,完成整体搬迁,通过辛勤的劳动和不懈的探索,将"干沙滩"建设成"金沙滩"的故事。从吊庄移民到整体搬迁何其艰难,我们从中可以学到做好群众工作的三种精神。

一是不忘初心的带头精神。起初,吊庄移民的人因为不能忍受恶劣环境,小部分人返回了涌泉村。村里召开协商会议,会上,村里的老支书表态,自己家一定去吊庄,在场群众深受感动,纷纷响应。俗语说:村看村、户看户,群众看干部。领导干部是旗帜、是榜样,是增进党群关系的黏合剂。想要实现工作目标,领导干部就必须跟群众一起苦、一起干,领导干部就得带头吃苦、带头干。习近平总书记的系列讲话多次提到"实干",并强调"空谈误国,实干兴邦",要实现宏伟目标就要靠党员干部带头"实干"。

二是不遗余力的担当精神。"民在我心,民为我本。"凌一农教授带领团队发展庭院经济,手把手教技术,在蘑菇滞销的情况下,带领团队找销售渠道。他说:"菇民的任何难处就是我们无条件要解决的大事!"铿锵有力的话语,说进了每一个工作人员的心坎,彰显了共产党员在困难面前的担当精神。共产党员只有坚持全心全意为人民服务的根本宗旨,永远保持对人民的赤子之心,实干为民,带领人民创造更加幸福美好的生活才能有效增进党群关系,将"以人民为中心"的发展理念落到实处。

　　三是不畏艰辛的奋斗精神。吊庄的移民在党和政府的带领下,植树造林,建学校、建医院、建扬水站……一切都是从无到有,实现了戈壁荒沙到"塞上江南"的梦想。历史唯物主义告诉我们,"人民群众是历史的创造者",其根本原因在于人民群众是社会生产力的体现者。中国共产党团结带领人民进行了艰苦卓绝的斗争,为中国的发展谱写了气吞山河的壮丽史诗。"艰难方显勇毅,磨砺始得玉成",站在"两个一百年"的交汇点,共产党员唯有铭记不断奋斗、带领人民群众拼搏进取,才能实现中华民族伟大复兴的中国梦。

——摘自共产党员网

德行篇

第二模块　劳动态度与职业道德

学习单元一　劳动品德和劳动精神

一、劳动品德

(一)劳动品德的时代内涵

整个人类社会历史都是劳动创造的。在劳动过程中,社会层面的关系与自然层面的关系是并行的。劳动是人类生命活动的表现,是人类最基本的实践活动。在通过劳动实践形成人类社会的过程中,人类创造了大量的物质财富,提高了社会生产力,推动了人类历史的进步和发展。

劳动个体遵循道德行为准则开展劳动实践,所表现出来的稳固的趋向特点就形成了劳动品德。从实质看,劳动品德是道德价值和道德规范在劳动个体身上内化的产物。劳动品德既是个人优秀品德的重要体现,也是优良思想品德形成不可或缺的一面。思想政治教育过程是促进人的良好品德形成的过程,因此,思想政治教育不能离开劳动品德的培养。由此,我们可以把大学生劳动品德理解为大学生在正确劳动理念的指导下表现的劳动心理、思想以及劳动的表现形式。新时代大学生对劳动的理解有了新的转变,也赋予了劳动品德鲜明的时代特征,有待于不断深化和完善。劳动品德阐释了人类劳动所涉及的伦理观念,主要包括劳动态度、实施劳动行为的稳固的行为准则以及劳动个体之间关系调控的行为准则。一般来说,与不同劳动部门的专业特点密切相关的道德问题,属于职业道德范畴,但从广义上说,也可以称之为劳动道德。

劳动品德包括吃苦耐劳、诚实劳动、创造性劳动、珍惜劳动成果等。从哲学角度看,劳动是主体、客体和意义的内涵集成体。劳动是人类社会生存和发展的基础,主要是指生产物质资料的过程,通常指能够对外输出劳动量或劳动价值的人类运动。劳动是人维持自我生存和自我发展的唯一手段。劳动品德,是人类在一种高尚品格指导下实施劳动行为,在尊重劳动、热爱劳动、实践劳动的过程中展现出的自律、习惯、美德以及踏实的态度,更是实现幸福生活的原动力。

1. 吃苦耐劳

中国共产党在百余年历程中,团结带领中国人民,不仅创造了世所罕见的经济快速发展和社会长期稳定两大奇迹,而且成功走出了中国式现代化新道路,创造了人类文明新形态。正如习近平总书记指出的那样:"中国人民拥有的一切,凝聚着中国人的聪明才智,浸透着中国人的辛勤汗水,蕴涵着中国人的巨大牺牲。"艰苦奋斗是中华民族宝贵的精神财富,更是值得传承的精神品格。艰苦奋斗不仅是一种勤俭节约的生活方式,更是一种不屈不挠的工作作风,一种积极进取的创业精神,一种奋发向上的精神风貌,一种志向远大的人生境界。

艰苦奋斗所折射出的劳动品格就是吃苦耐劳、埋头苦干。中国人民世世代代的辛勤劳动、艰苦奋斗,为实现中华民族伟大复兴提供了更为完善的制度保证、更为坚实的物质基础、更为主动的精神力量。"劳动创造幸福,实干成就伟业。"敢于吃苦的奋斗精神、善于吃苦的担当精神、乐于吃苦的奉献精神、同甘共苦的拼搏精神,就是新时代对吃苦耐劳丰富内涵的生动概括。吃苦耐劳就是奉献,是一种品质、一种责任。我们要大力弘扬吃苦耐劳的精神,依靠辛勤劳动和艰苦奋斗创造未来。

2. 诚实劳动

诚实劳动就是指在劳动行为合法合规的前提下,在劳动过程中不投机取巧、不破坏劳动工具、不偷奸耍滑、遵守劳动纪律、立足本职、勤勉劳动、踏实劳动。只有诚实劳动,才能实实在在地开创事业。习近平总书记指出:"我们说'空谈误国,实干兴邦',实干首先就要脚踏实地劳动。"他强调"平凡铸就伟大,英雄来自人民",要在平凡的岗位上创造不平凡的业绩。诚实劳动,就要爱岗敬业、脚踏实地,以干一行、爱一行、钻一行的执着,依靠诚实劳动创造价值。诚实劳动是我们提倡的传统美德,以劳树德,以劳增智,以劳强体,以劳养美。相反,消极的劳动不仅不会创造积极的价值,反而会妨碍社会的良性发展,损害广大人民群众的切身利益。在全面建设社会主义现代化国家新征程中,我们要大力弘扬劳动精神,涵养劳动品德,以诚实劳动创造自身价值。

3. 创造性劳动

创造性劳动,是尊重劳动、尊重人才、尊重创造的具体体现。劳动者要在平凡的岗位上创造不平凡的业绩,离不开争创一流的进取精神。劳动者的素质对国家和民族发展至关重要。社会发展日渐多元化,综合国力的竞争归根到底是人才的竞争、劳动者素质的竞争。新时代,坚持实施创新驱动发展战略,把科技自立自强作为国家发展的战略支撑,就需要高水平创新型人才队伍的支撑。习近平总书记在2022年4月27日致首届大国工匠创新交流大会的贺信中强调"我国工人阶级和广大劳动群众要大力弘扬劳模精神、劳动精神、工匠精神,适应当今世界科技革命和产业变革的需要,勤学苦练、深入钻研,勇于创新、敢为人先,不断提高技术技能水平,为推动高质量发展、实施制造强国战略、全面建设社会主义现代化国家贡献智慧和力量。"要重视青年人才培养,努力造就一批具有世界影响力的顶尖科技人才,稳定支持一批创新团队,培养更多高素质技术技能人才、能工巧匠、大国工匠。深入实施创新驱动发展战略,适应全球新一轮科技革命和产业变革的新趋势,需要推动以科技创新为核心的全面创新。当前,我国各方面、各领域都掀起了一股强劲的创新热潮,全面进入创新时代。实施创新驱动发展战略已成为适应国家发展的新常态、引领新常态的根本要求,以锐意创新的勇气、敢为人先的锐气、蓬勃向上的朝气,不断推出新举措,以区域协同创新、开放创新打造新局面。

4. 珍惜劳动成果

加强劳动教育,珍惜劳动成果,让学生养成勤俭节约的好习惯。随着生活水平的明显改善,人们对生活质量的追求也越来越高。大学生的生活更是越来越丰富,有些学生尚未形成成熟的价值观,也没有树立正确的消费观,容易盲目追求物质享受,忽视艰苦朴素、勤俭节约等美德的培育和传承。节俭一直是中华民族的传统美德,这是对劳动的尊重,也是社会责任感的体现。要做到节约,大学生需要树立节约意识,自觉抵制享乐主义,珍惜劳动成果。通过家庭、学校、社会多平台、多渠道形成艰苦奋斗、勤俭节约的良好氛围,引导新时代大学生积极参与社会主义道德建设,践行社会主义核心价值观,争做优秀的社会主义接班人。

高校应加强劳动教育,教育学生珍惜劳动成果,让学生掌握生存必备的劳动技能;引导学生提升劳动意识,分享劳动乐趣,让学生学会劳动、学会勤俭、尊重劳动;注重培养学生的体验感和获得感,充分利用家校资源,引导学生崇尚劳动、热爱劳动,掌握满足生存发展需要的基本劳动能力;为学生创造劳动实践、志愿服务的机会,帮助学生充分认识到热爱劳动是中华民族的传统美德,培养他们积极劳动的热情,使他们养成良好的劳动习惯。

(二)大学生劳动品德的培养

1. 更新观念,培育大学生清晰的劳动认知

对劳动的认知,是指对劳动幸福感的心理认同。劳动品德反映一个人的道德品质,它是人们在劳动中表现出来的一种稳定的心理倾向。一个人的劳动品德是在一定心理因素的基础上形成的,劳动心理是劳动品德形成的发端。新时代大学生应具备的劳动品德:能正确认识社会主义的劳动是以人的需要为立足点的,人和劳动不是对立的,要从心理上认同劳动创造了幸福。正如习近平总书记指出的:"人世间的一切幸福都需要靠辛勤的劳动来创造。"新时代大学生要充分认识到幸福源于劳动,劳动是幸福的源泉。

大学生对劳动的认知,是对劳动光荣感的观念趋同。劳动观念是劳动品德的核心内容,大学生具有什么样的思想观念,直接影响其劳动价值观的形成,从而关系到劳动品德的养成。新时代大学生该有的劳动观念是尊重一切劳动,树立以劳动为生存之基、立身之本、梦想之根的正确导向。大学生应剔除脑力劳动光荣、体力劳动可耻的错误劳动观念,厚植劳动光荣的情怀,让"劳动最光荣、劳动最崇高、劳动最伟大、劳动最美丽"的观念内化于心、外化于行。

2. 端正思想,引导大学生树立正确的劳动动机

科学劳动价值观,是把劳动看成获得个人所需,实现个人价值的必要途径与推动社会进步的根本动力的价值观,是具有高度社会责任感,坚信"劳动最光荣、劳动者最伟大"的价值观。没有科学的劳动理论武装头脑,大学生就不能自发地形成正确的劳动动机,更不能树立坚定的劳动观念,甚至在劳动价值、精神价值等方面也不能做出正确的选择。大学生劳动动机的培育是一项系统工程,需要调动全社会的资源和力量。社会环境、学校环境、家庭环境、网络环境、同龄人群体等都对大学生树立正确的劳动动机有重要影响。因此,在培育大学生劳动动机的过程中,必须注重对上述大环境的优化。

3. 拓展思维,指导大学生进行科学的劳动实践策划

指导大学生进行科学的劳动实践策划,使劳动教育成为大学生认识社会、服务社会的有效载体。同时,需要进一步拓展和深化高校劳动实践、社会生活和家庭劳动的互动链接,以社会发展需求为导向,注重"以学生为中心"的发展思想,尊重学生的兴趣特点和发展需求,促进学生的全面发展。劳动实践策划应充分尊重学生个体差异,创设学习情境,明确学习需求,强化学习体验,减轻学生认知负担,保障人才培养效果。在劳动实践策划时,要注重探寻大学生社会实践的内在困扰和外在困境,科学地设计解决路径。劳动实践策划要注重科学

性,注重开拓进取,保持传承和创新。

指导大学生进行科学的劳动实践策划,使劳动实践活动更注重策划和论证,同时还要认识到劳动实践策划在整个社会实践中的重要作用,形成理论联系实际的观念,保障社会实践的时代意义和可行性。

劳动实践的要求是在社会实践中了解民情、社情、国情;劳动实践的目的是使大学生在社会实践中受教育、长才干、做贡献,培养大学生吃苦耐劳、服务社会的精神。具体策划时要合理地选取调研题目、科学地制定调研问卷、细致地进行社会调查,以掌握研究对象的总体状况,收集与之有关的一切资料,描述、分析其产生与发展的过程及其内外因素之间的相互关系,再同其他类似的个案相比较而得出结论,并撰写社会实践调查报告。

4. 注重实践,强化大学生的劳动行为

劳动行为是劳动者在一定道德认知指引下和道德情感激励下表现出来的行为和活动,是劳动品德的外显。劳动品德的养成不仅要内化于心,也要外化于行,知行统一才能促进人的全面发展。劳动品德培养要落实到行动上,只谈思想而不作为,劳动品德的养成必然苍白无力。

首先,父母要传递正确的劳动观念。体力劳动和脑力劳动并重,没有谁比谁高尚之说。让大学生摒弃好逸恶劳与不劳而获的消极懈怠心理,培植尊重劳动、劳动光荣且伟大的心理认同感。然后从家庭层面培养大学生基本的生存技能和家务劳动技能,抓住恰当时机对其进行劳动教育,提高其劳动认识,强化培养其具体的劳动行为。

其次,学校为学生提供勤工助学岗位,定期开展志愿服务献爱心、关爱社区弱势群体等活动。大学生利用碎片时间参与志愿服务等社会劳动实践活动,强化劳动意识,在服务人民的过程中激发劳动责任感,培养吃苦耐劳、乐于奉献的劳动精神,锻造过硬的实践本领。在体验劳动的过程中,强化学生的劳动责任。

最后,劳动行为习惯的培养需要家庭、学校和社会形成良好氛围。家庭、学校、社会三方联动为大学生劳动行为习惯的养成提供沃土,让大学生劳动行为习惯的养成水到渠成。劳动行为习惯的养成是一个持续不断的过程,劳动教育让学生作为劳动的主体之一参与其中,亲身体验劳动教育的过程,让大学生对劳动教育有更多的体验和深入思考。人的本质是劳动的、是实践的、是社会关系的总和,人类因为有目的的劳动才成就了社会的不断发展,劳动行为习惯养成的价值不只局限于个体的价值,更在于在劳动行为习惯养成过程中的文化传承、劳动观念、公民意识的价值。

二、劳动精神

(一)劳动精神的内涵

劳动精神是一种优秀的品质,在我国社会主义现代化建设过程中发挥着重要的作用,为经济社会发展提供了源源不断的动力。从马克思主义理论的视角来看,劳动是人区别于其他动物的本质属性,劳动创造了人类社会的文明,马克思主义劳动观让劳动精神以更科学的路径发扬光大。人类在劳动过程中,从茹毛饮血到精耕细作,通过劳动创造了丰富的物质文化和精神文化。劳动的理念认知、价值追求、劳动状态、行为实践等都是对劳动精神的客观解读,在长期实践中,中华民族一直以坚忍不拔、无私奉献的奋斗精神,积淀着劳动精神的深厚底蕴。另外,奋斗精神根植于一个民族的生存环境、生活方式、传统文化之中,中华优秀传统文化、革命文化和社会主义先进文化在革命、建设、改革创造的实践中涵养着劳动精神的丰富内涵。

1. 劳动精神的底色是奋斗精神

奋斗精神是中华民族最宝贵的精神财富、最丰沛的精神力量,也是对劳动精神和职业精神最有说服力的诠释。可以说,伟大的奋斗精神已经深深地融入了中华民族的血液和灵魂之中,成为中华民族的精神标识,而这种精神,就是中国人的精神象征。奋斗精神很早就存在。《易经》所讲的"天行健,君子以自强不息""地势坤,君子以厚德载物"是华夏奋斗精神最生动的体现。"自强不息""厚德载物",这些表述蕴含着中国人民坚忍不拔、不懈奋斗的精神。

中国特色社会主义发展历程中,无数劳动者不怕牺牲、攻坚克难、立志高远、开拓创新、坚忍不拔、忍辱负重、甘为人梯、无私奉献,将奋斗精神书写得淋漓尽致。从港珠澳大桥的建设中可以感知中华民族一贯传承的那种"逢山开路、遇水架桥"的奋斗精神。在大桥的沉管隧道建设过程中,中国从零起步,不断攻坚克难,也是在不畏艰难、勇于挑战的过程中,我们的劳动者实现了外海沉管安装技术从落后到领先的跨越。要实现伟大梦想,就必须秉持自力更生、艰苦奋斗的新时代的奋斗精神,如此才能无往不胜、继往开来。

2. 传统文化是沃土,滋养劳动精神生根发芽

新时代,延续文化血脉需要发展中国特色社会主义文化。中国特色社会主义文化,源自中华民族五千年文明所孕育的中华优秀传统文化,熔铸于在革命、建设、改革中创造的革命文化和社会主义先进文化,植根于中国特色社会主义伟大实践。这三种文化具有内在精神的承接性、发展演变的连续性、核心内容的交融性。因此,任何孤立、静止、片面地看待中华优秀传统文化、革命文化和社会主义先进文化的观点都有悖于历史唯物主义和唯物辩证法。从历史逻辑与时代逻辑相结合、文化心理与文化实践相统一的视角来审视这三种文化,对促进其融合发展有着多重维度的必要性和可能性。要真正实现三种文化从视界融合走向实质性融合,从单体发展走向整体性发展,就必须以弘扬伟大建党精神整合三种文化,以涵养初心使命融会三种文化,以建构新时代中国特色社会主义先进文化统摄三种文化,以打造文化精品力作贯通三种文化。

传统文化是中国文化的一部分,也是中国文化的象征。传统文化往往代表着一个民族文化的独特性,是区别于其他民族和地域文化的宝贵财富。而这些传统文化又是一个国家和民族生存的历史标志,是现代文化发展的基础。让大学生在劳动中体验中华文化的博大精深、培育文化自信和劳动意识,是培育下一代合格社会主义接班人的核心素养的一条有效途径。把劳动精神和传统文化节日活动有机联系起来,形成感受、感知、感悟形态,让劳动教育成为激发大学生学习传统文化的热情,使大学生在情绪上受到感染、在情感上产生共鸣,进而热爱生活、热爱劳动、树立民族自豪感。

3. 革命文化是力量,助力劳动精神开枝散叶

我们要进行伟大斗争、建设伟大工程、推进伟大事业、实现伟大梦想,都离不开文化所激发的精神力量。革命文化是中国革命精神之源,昭示着中国人的初心。革命文化蕴含着丰富的革命精神和厚重的历史文化内涵,承载着中国人民奋起自强的精神。革命文化在党领导广大人民的革命、建设、改革中孕育而生,具有不断造福人民的文化属性。革命文化是中国革命实践的光辉产物,与革命的发展相辅相成。革命文化是中国共产党和中国人民在新民主主义革命特殊历史时期形成的精神追求、精神品格、精神力量,是中华民族独一无二的"红色基因"。革命文化与劳动教育孕育的中国特色劳动文化,是中国劳动文化的重要组成部分。革命文化与劳动教育相互影响、相互包容,融入中国道路形成与发展的各个层面和全过程,成为中国道路深层的价值目标和独特的精神标识。

4. 社会主义先进文化是信念,支撑劳动精神发扬光大

社会主义先进文化和劳动精神包含着中华民族最根本的精神基因,是中华民族生生不息、发展壮大的丰厚滋养,是民族精神与时代精神的高度统一和深度融合。在伟大斗争中孕育的革命文化和社会主义先进文化,是中华民族最深层次的精神追求。社会主义先进文化积淀着中华民族最深沉的精神追求,代表着中华民族独特的精神标识,是激励全党全国各族人民奋勇前进的强大精神力量。同时,劳动精神具有普遍性、广泛性、基础性,与社会主义先进文化内涵关系紧密。社会主义先进文化是劳动精神形成的文化基因,我们要以社会主义先进文化为载体传承、发扬劳动精神,生动阐释劳动者在劳动中展现的精神状态、精神面貌、精神品质。

(二)劳动精神的基本要素

社会主义劳动精神是由多种要素构成的。这些要素分别从不同方面反映着社会主义劳动精神的特定本质和基础,同时又相互配合,形成严谨的劳动精神模式。

1. 劳动理想

社会主义劳动精神所提倡的劳动理想,是主张社会主义社会的劳动者应该把服务社会放在首位,努力做好本职工作,全心全意为人民服务、为社会主义服务。这种劳动理想,是社会主义劳动精神的灵魂。一般说来,从业者对劳动的要求可以概括为维持生活、完善自我和服务社会三个方面,只有从服务社会的整体利益出发,从事社会所需要的各种劳动,社会才能顺利地前进和发展,全体人民才能过上幸福美满的生活。

2. 劳动态度

树立正确的劳动态度是劳动者做好本职工作的前提。爱岗敬业、诚信友善是社会主义核心价值观的基本内容,劳动态度具有经济学和伦理学的双重意义,它不仅揭示劳动者在劳动生活中的客观状况、参与社会生产的方式,同时也揭示劳动者的主观态度。其中,与劳动有关的价值观念对劳动态度有着特殊的影响。一个劳动者积极性的高低和完成劳动质量的好坏,在很大程度上取决于他的劳动价值观念,劳动态度要践行社会主义核心价值观。

3. 劳动责任

劳动责任包括劳动团体责任和劳动者个体责任两个方面。现代企业制度不仅正确划分了国家与企业的责、权、利,并将三者有机地结合起来,而且也规定了企业与劳动者的责、权、利。自觉树立劳动责任意识,将其贯穿于劳动行为过程的各个阶段,使其成为劳动者的重要精神支柱。要促使劳动者把客观的劳动责任变成自觉履行社会主义的道德义务,这是社会主义劳动精神的一个重要内容。

4. 劳动技能

在社会主义现代化建设中,职业对劳动技能的要求越来越高。不但需要科学技术专家,而且迫切需要受过良好职业技术教育的高、中、初级技术人员、管理人员、技工和其他具有一定科学文化知识和技能的熟练劳动者。没有这样一支高素质技术技能劳动者大军,先进的科学技术和先进的设备就不能成为现实的社会生产力。各级科技人员之间以及科技人员和高素质技术技能工人都应有恰当的比例,生产建设才能顺利进行。良好的劳动技能具有深刻的劳动精神价值。

5. 劳动信誉

劳动信誉是对劳动行为的社会价值所做出的客观评价和正确的认识,是劳动行为的价值体现或价值尺度。同时,劳动信誉又要求劳动者提高劳动技能,遵守劳动纪律。社会主义劳动精神强调劳动信誉,更重视把社会的客观评价转化为劳动者的自我评价,促使劳动者自觉发扬社会主义劳动精神,自觉践行社会主义核心价值观。

6. 劳动作风

劳动作风是劳动者在劳动实践中所表现的一贯态度,从总体上看,劳动作风是劳动精神在劳动者劳动生活中的习惯性表现。社会主义劳动作风具有潜移默化的教育作用,劳动集体有了优良的劳动作风,劳动者就可以互相教育,互为榜样,形成良好的劳动风尚。

(三)弘扬劳动精神的价值和意义

自古以来,热爱劳动、珍惜劳动成果就是中华民族的传统美德。在劳动实践中,大学生应传承中华民族勤劳俭朴的品质和艰苦奋斗的美德,培植家国情怀,在劳动精神驱动下,具有爱国之情、报国之志,成为建设之才,使中华民族伟大复兴中国梦在一代又一代的接力奋斗中变为现实。

1. 劳动精神是中华民族得以生存和发展的精神追求

中华民族,作为一个以勤劳闻名于世的民族,其劳动精神是在长期的劳动实践中孕育而生的。它融合了中华优秀传统文化、革命文化以及社会主义先进文化,并在新时代的追梦征程中得到持续传承、创新与发展,不断续写着中华民族的辉煌历史篇章。劳动精神体现了中华儿女在勤劳创造、艰苦奋斗、热爱劳动、崇尚劳动、尊重劳动以及珍惜劳动成果方面的精神风貌、价值取向和高尚品德。它构成了中华民族独特的精神特质,是中华民族得以持续生存和发展的精神支柱,同时也是中国人建立文化自信的历史基石。

2. 劳动精神是弘扬社会主义核心价值观的内在需求

劳动精神,作为社会主义核心价值观的生动体现,不仅是中华民族千百年来勤劳智慧的结晶,更是新时代推动社会向前发展的不竭动力。它根植于中华优秀传统文化的沃土之中,汲取了革命文化的红色基因,与社会主义先进文化相融合,共同铸就了新时代的劳动精神。在这一精神的引领下,大学生不仅能够提升个人的道德修养和职业素养,还能在全社会范围内营造尊重劳动、崇尚劳动的良好风尚。

弘扬劳动精神,是将社会主义核心价值观内化于心、外化于行的重要途径。它要求在日常生活中,无论是在学习、工作还是社会服务中,都要以实际行动践行劳动精神,通过不懈努力和持续奋斗,为社会贡献自己的力量。同时,劳动精神的培养也是对个人全面发展的要求,它鼓励我们不断学习新知识、掌握新技能,以适应快速变化的社会和经济发展的需要。

在弘扬劳动精神的过程中,应当注重理论与实践的结合,通过参与各种劳动实践活动,如志愿服务、社会实习等,来深化对劳动精神的理解和体验。此外,自我教育也是培养劳动精神的重要方面,要求大学生加强思想道德素质和心理素质,养成良好的劳动习惯,塑造和谐统一的自我环境。通过这些方式,我们能够更好地将劳动精神融入个人成长的每一个阶段,为实现中华民族伟大复兴的中国梦贡献青春力量。

3. 劳动精神成就大学生的精彩人生

"社会主义的建设与新时代的发展均需通过实际行动来实现。"此论断深刻揭示了新时代劳动精神的核心要义。卓越的人生并非空想之产物,而是通过勤奋工作、不懈奋斗铸就。对于大学生而言,这体现为在校期间的刻苦学习、勤奋阅读与深入研究;在职场中,则表现为对岗位的热爱、兢兢业业的工作态度以及脚踏实地的工作作风;在日常生活中,则是对劳动的热爱、对劳动的尊重以及对劳动成果的珍惜。

在不同的成长阶段,个体对于卓越人生的理解存在差异。只有将卓越人生置于特定的历史条件与时代背景之中,对其讨论才具有实质意义。深入探讨卓越人生,应从个人价值与社会价值的相互关系中寻求解答。社会是人类在实践活动中形成的各种联系与关系的总和,其源于个体活动并在个体活动中得以构建。社会活动与社会发展的推进,必须以社会整体的发展为前提与背景。个体无法脱离社会而独立存在,反之,若无个体,社会亦不复存在。新时代的大学生正处在一个"追梦的时代",应将个人理想与中国梦紧密相连,积极投身于社会主义现代化建设的实践中。通过积极参与劳动、努力工作、敬业爱岗、勤俭节约、创新奋斗,传承并弘扬劳动精神,成为时代的先锋,在追梦的道路上实现个人价值,最终达成社会价值与个人价值的和谐统一。

大学生应继承并发扬中华民族的优秀传统,包括勤俭、节约、奋斗、创新的劳动精神,树立正确的劳动观念,培养卓越的劳动品质,以实现社会价值与个人价值的双重提升,从而成就一段卓越的人生。

(四)劳动精神的培养

中华民族的劳动精神历经世代传承,确立正确的劳动价值观,发扬劳动精神,是大学生应当坚守的精神追求,亦是构建文化自信的关键要素。新时代的大学生应将个人的未来与国家的命运紧密相连,继承劳动精神,踏实工作,勤奋耕耘,珍惜光阴,勇往直前。

1. 知行合一,理论与实践相结合

通过学习理论知识,大学生能够在认知层面掌握劳动精神的内涵以及如何培养劳动精神。在实习和实训的过程中,大学生能够获得其他途径难以提供的道德实践和体验,特别是能够深刻理解未来职业和岗位所需的劳动精神。在这一过程中,他们能够深入领会企业文化的吸引力,并进一步认识到高效工作、团队协作、积极进取和敬业态度等要素对企业发展的决定性作用。通过企业见习和社会实践,大学生能够真实感受到企业领导者的领导才能和人格魅力,加深对职业形象的理解,对未来的职场生活形成更清晰的认识,并巩固对劳动理想、劳动态度、劳动纪律等多方面因素的理解。通过参观、实习、志愿活动等多种形式,培养大学生的劳动精神,使他们提前认识到劳动精神对于个人职业生涯发展的重要性。

2. 自我教育,和谐统一

(1)加强思想道德素质和心理素质。

思想道德素质是劳动素质的灵魂,包括劳动者的政治态度、理想信念和价值观念,给予劳动者正确的行为方向,使劳动者坚定明辨是非的立场。心理素质是劳动者的基础素质,包括认知、感知、记忆、想象、情感、意志、态度和个性特征,劳动者要达到精力旺盛、坚忍不拔、乐观向上等基本要求。

(2)养成良好的劳动习惯。

拥有正确的劳动意识并不等同于拥有良好的劳动习惯,任何劳动者的劳动精神都能在日常工作中得以展现和流露,甚至个人的生活习惯也会在劳动生活中表现出来,成为个人劳动精神和劳动素养的真实写照。因此大学生必须从平时的学习、生活和工作的细节做起,将劳动精神融入平时的学习生活并贯穿始终,自觉培养良好的劳动习惯。

(3)塑造和谐统一的自我环境。

大学生是自我教育的主体,在受教育的过程中,要弘扬劳动精神,最大限度地发挥自身潜能,从自身做起,积极调动自己的主动性。坚持通过自身的信念和实际行动影响周围的人,将这种真实的感染力和影响力由点及面、由小及大地传播出去,促进身边的人提高自我教育能力。

3. 学好专业技能,培养自身劳动素养

在大学生的学习生涯中,在接受学校理论知识传授和实训教育的同时,也要注重自身劳动素养的内化和自我素质的提升,增强自身劳动竞争力。大学生要充分地了解自我,认识自我,发掘自己的兴趣。同时也要知晓自己所学专业对应的相关行业的劳动素养,在校期间要有意识地进行自我培养。

(1)精专专业知识和技能。

显性劳动素养来自于专业知识和技能。要利用学校的教育资源,学好专业知识和技能,认真刻苦、勤于苦练,学好专业基础课程,加强对专业知识和技能的运用,注重专业能力的培养,为自己的专业技术进一步提升打下坚实的基础。要培养良好的学习生活习惯,利用业余时间参加各种学术讲座和学生讨论会,多读课外书,以提升自己的文化修养。

(2)制定职业生涯规划。

隐性劳动素养来自于个体的职业道德、职业情感和职业态度等方面。大学生首先要有自我认识并了解专业,在教师的指导下明确专业学习的方向,制定切实可行的职业生涯规划,树立崇高的人生目标,并为之坚持不懈地努力。其次,要树立正确的劳动态度和劳动意识。如做好步入社会的心理准备,培养胜任工作的信念,学会用平和的心态从点滴做起、从基层开始,积极勇敢地看待挫折与批评,不怕困难、不怕磨炼,学会从他人的批评中清楚客观地看待自己,不断提高自己的职业竞争力,不断增强自己的社会责任使命感。

(3)积极参加社会实践。

大学生要积极主动参加团体活动和社会实践活动,创造机会培养自身的劳动素养:首先,增强自身的合作、沟通、组织策划能力,在实践活动中弥补自己劳动素养的不足之处;其次,做好良好的职业生涯规划,并通过亲历实践和体验,最终把职业规范内化成为自身的道德素养。

（五）努力践行劳动精神

马克思主义关于人的全面发展观强调，造就全面发展的人的唯一方法就是教育和生产劳动相结合。劳动精神的培养，需要将理论付诸实践。在实际行动中践行劳动精神，是培养和检验人才质量的根本。

1. 勤学尚德

勤奋学习与崇尚道德是新时代大学生传承劳动精神的核心要义。首先，劳动精神的培养要求大学生将道德修养置于首位。选拔人才的原则在于德才兼备，而德行尤为重要。道德修养与劳动精神相得益彰。在实践劳动精神的过程中，大学生应将服务精神、担当精神等置于优先地位。大学生应树立宏伟理想，将劳动目标与国家的未来紧密联系。怀有崇高理想的劳动能够带来更深层次的成就感和幸福感。其次，劳动精神的精粹在于勤奋。勤奋学习、勤奋提问、勤奋实践。勤奋努力的过程亦是劳动精神的体现。学习是大学生的主要职责，成功绝非偶然，坐享其成终将一无所获。唯有静心学习、勤奋读书、钻研技术、磨炼意志、练就真才实学，方能实现宏伟理想。真才实学可令人信服，但高尚品德才能赢得他人尊重。大学生崇尚道德，即是要培养自身的道德品质。

勤奋学习与崇尚道德始终是中华民族的优秀传统。屈原在洞中苦读三年；陆游在书巢中勤奋学习，勤于创作，一生留下九千余首诗作；顾炎武凭借非凡毅力手抄《资治通鉴》……中华民族之所以能创造五千年的辉煌历史，绝非偶然，而是历代中华儿女勤奋学习、不懈奋斗的成果。

实现中华民族伟大复兴，需要每一位大学生志向高远、勤奋学习、刻苦训练、修德修业。只要大学生坚守中华劳动伦理的深厚底蕴，继承并发扬劳动精神，坚忍不拔，自强不息，必将开创美好未来，创造历史伟业。

2. 大公无私

公而忘私是新时代大学生彰显劳动精神之意识表征。新时代大学生是构成中国劳动群体的重要组成部分，为实现中华民族伟大复兴之中国梦提供中流砥柱之力。新时代大学生亦正以实际行动诠释新时代劳动精神之内涵。

（1）在团队合作中体现大公无私。

在团队合作中，大公无私的精神尤为重要。大学生应当学会放下个人的得失，将团队的目标和利益放在首位。在团队项目中，主动承担起责任，不推诿、不抱怨，积极为团队贡献自己的力量。同时，要尊重团队中每个成员的意见和贡献，共同为实现团队目标而努力。

（2）在面对挑战时展现大公无私。

在面对工作中的挑战和困难时，大公无私的精神同样不可或缺。大学生应当勇于承担责任，不畏艰难，敢于面对问题和挑战。在困难面前，不退缩、不逃避，积极寻找解决问题的方法，为集体的利益考虑，为团队的荣誉而战。

（3）在日常生活中践行大公无私。

大公无私不仅体现在工作和学习中，更应该贯穿于我们的日常生活。在日常生活中，大学生应当学会关心他人，乐于助人，不计较个人得失。在与人交往中，以诚相待，公正无私，形成良好的人际关系,营造和谐的社会环境。

总之,大公无私是劳动精神的重要体现,它要求我们在劳动中不计较个人得失,将集体利益置于个人利益之上。大学生应当在学习、工作和日常生活中,积极践行大公无私的精神,为社会的发展贡献自己的力量。

(六)实干兴邦

在新时代背景下,大学生通过实际行动践行劳动精神成为实现国家繁荣的重要途径。道德与理论的探讨不应脱离实践,面对培养劳动精神过程中出现的挑战,必须筑牢根基,持之以恒。新时代的大学生应将个人发展与国家命运紧密相连,确立宏伟理想与抱负,将实干兴邦作为个人学习、生活和工作的核心准则,志向高远,坚定行动,积极进取,为国家贡献力量。实现中华民族伟大复兴是一项光荣而艰巨的任务,需要世代中国人共同奋斗。空泛的讨论无助于国家发展,而脚踏实地的行动则是国家兴旺的关键。新时代的劳动精神体现了中华民族在追求梦想过程中的精神特质,这一特质可概括为"实干兴邦"。

实干兴邦是新时代劳动精神的精髓所在,它代表了中华民族劳动精神的继承与发扬。其中,"实"字体现了对空想主义、空谈主义和历史虚无主义的批判,"干"字则代表了勤劳、奋斗和脚踏实地的品质,是中华民族劳动精神的传承与发扬。"兴邦"则代表了理想与目标,是新时代劳动精神的价值导向,具体而言,即实现中华民族伟大复兴的中国梦。

(七)创新创造

随着时代的推进,劳动创新面临新的挑战与需求。当前,中国正处于"大众创业、万众创新"的发展阶段。对于新时代的大学生而言,持续培养勇于创新创业的精神是劳动精神不可或缺的要素。

学习单元二　个人与团队精神

劳动行为有助于培养学生自立自强的品质。现代劳动既有分工又有合作,非常强调劳动者协同配合,个人单枪匹马就能胜任的工作越来越少。因此,在开展劳动教育时要教育学生如何处理好个人与团队的关系。

一、团队意识——从个人理想到团队使命的升华

新时代的大学生在劳动行为的过程中,首先要树立个人目标,坚持独立完成劳动任务,通过劳动实践培养责任意识和担当意识,提升对集体主义的认知,形成团队意识,并有效参与团队合作。个人理想是指处在一定历史条件下和社会关系中的个体对于自己未来的物质生活、精神生活所产生的种种向往和设想。理想的萌生即使命感的出现,使命感是真正成就人生的动力。将个人理想注入团队,团队则是个人理想的载体和平台,只有在团队中个人才能发挥最大价值。树立团队意识,科学设定人生目标,正确规划人生道路,自觉地把个人理想升华为团队使命,自觉地把个人理想融入民族复兴的伟大征程,个人才会在理想、担当、吃苦、奋斗的过程中熠熠闪光。

二、团队凝聚力——从个人目标到共同目标的树立

任何劳动实践都需要明确的目标,有目标才有方向。个人目标与团队目标紧密相连,团队目标相当于团队内个人目标的合集。"一个人走只能走得快,但走不远;一群人一起走才能走得稳,而且走得远。所以,成功需要团队。"全体成员都要参与到团队目标的制定过程中,实现个人目标与团队目标持续统一,全体成员达成共识,团队凝聚力由此产生。离开了团队奢谈成功,团队利益高于个人利益。在任何团队中,个人都要把团队目标放在首位。当个人的目标和团队目标一致的时候,凝聚力才能更深刻地体现其价值。首先,个人要采取有效行动努力完成团队赋予的个人目标;然后,帮助其他没有完成个人目标的队友完成目标;最后,发挥可能性,超额完成目标,为团队总目标贡献力量。雁队南飞,就是团队精神的完美诠释。科学研究表明,大雁组队飞行要比单独飞行提高 22% 的速度。如果只有一只大雁,很难达到长途迁徙的目的,中途就可能失去生命。它可能忍受不了飞行的孤独,也可能忍受不了寒风的侵袭。只有形成一个团队,才能保证每一个成员都可以完成南迁的飞行目标。雁阵之优,在于目标一致、前后呼应、强势超达,这就是所谓的目标一致才能飞得更远。

三、团队士气——从孤军奋战到团队协作的转变

分工协作是劳动教育的重要组成部分,是重要的教育目标和内容。现代社会中,单打独斗能完成的工作任务越来越少。那么在集体劳动中,应如何合理分工,使团队成员各司其职、各尽其长?团队成员要处理好个人与团队的关系,找准自己在团队中的位置,建立自信,激发更大的热情和积极性,找准团队奋斗方向,风雨兼程、同频共振,形成团队士气,才能一路向前。新时代大学生要充分发扬"齐心协力、通力合作"的团队精神,共同营造良好的社会氛围。每一个人都是团队中的一分子,个人利益与团队息息相关、互相影响。这就要求团队中的每一个成员要关心团队、忠于团队,在团队中学习和提高,坚持目标、方法的高度一致,勇于进取,敢于负责,甘于奉献,为团队的发展创造最大的价值。

创建一个团结协作的团队,需要一群志同道合的人,需要团队成员之间的交流、协作、信任。个人再完美,也不过是一滴水,而一个团结的团队才是一片辽阔的海,蕴藏着无穷的力量。团队内部的配合,就像盖房子,有的负责框架,有的负责承重,有的负责装饰,只有合理分工、精诚协作,团队才能士气冲天、一路高歌。

学习单元三 创新创业精神

培养大学生创新创业能力是推动创新型国家建设的需要,创新是一个民族进步的灵魂,是一个国家兴旺发达的不竭动力。劳动教育中创造性劳动能力和创新性劳动意识的培养,正好契合了大学生创新创业精神的培育。大学生创新创业是以在校大学生和毕业大学生特殊群体为创业主体的创业过程。创新创业群体要对追求的事业有强烈的使命感,对目标群体有高度的责任感,要能以满腔热情投身到创业中,以良好的精神面貌,以敢拼敢闯、不怕困难的劲头投身创新创业过程。

一、创新创业的信念

创新创业的信念是创新创业者的精神支柱,是其能够克服一切艰难险阻的大无畏精神。首先,要有创业成功的信念。强烈的想要成功的想法,是创新创业拼搏的动力。其次,要有跨越难关的信念。创新创业过程中,不可避免地会有成功和失败,也有可能一路风雨泥泞,但跨过的每一个沟壑,都会是通向成功的一级阶梯。信念是创新创业之本,信念是创新创业的原动力,只有坚定信念、顽强拼搏,才能担当重任、成就事业。

二、创新创业的心态

积极的创新创业心态能帮助个体发现潜能、激发潜能、拓展潜能和实现潜能,进而帮助个体获得事业上的成就和巨大的财富。积极的创新创业心态一是拥有巨大的创业热情;二是要清除内心障碍;三是要努力克服困难,创造条件,变不可能为可能。在创新创业过程中,要想保障创新创业的持续性发展,首先要有归零心态,不要停留在过去的成绩上,要深刻领会创新创业的要义,更新固有思维、固有模式,开启新的创新创业模式。事物发展的规律是周期性的,螺旋状变化是常态。其次要有积极的心态,积极的心态会赋予创新创业以正能量,有正能量才能在遇到瓶颈的时候坚持下去,直到突破瓶颈达成目标。最后,在创新创业过程中还要有学习的心态,学习对创新创业的成功具有极大的决定性作用,只有不断学习才能跟上时代发展的步伐,才能在创新创业过程中推陈出新、永葆热情。在实践中学习,在创业过程中学习,学习专业知识,学习经营管理之道,学习别人成功的经验、失败的教训,学习先进的思维和方法。

三、创新创业的意志

创新创业的意志指个体能百折不挠地把创新创业行动坚持到底,最终达到目的的心理品质。

创新创业的成功者,一般都具备以下品质:一是自强。创新创业的成功者都勇于拼搏,敢做敢当,不计得失,不贪图眼前利益,不满足于生活现状,敢于迎难而上,通过创业实践,不断增强自己各方面的能力,进一步磨炼自己的意志,勇于成就自己的生活和事业。二是自立。创新创业的成功者都具有独立的人格,善于独自面对困难和挑战,面对选择时有独到的思维和果敢的决策,对设定的目标能够全身心融入;不受传统和世俗偏见的束缚及舆论和环境的影响,能自己选择生活的道路,善于设计和规划自己的未来,并采取相应的行为,敢于超越自己,在新目标面前保持斗志、不断追求。新时代大学生应树立自立自强的志向。对每个创新创业者来说,自强、自立是进行创新创业实践的核心支撑,是开创新生活、追求幸福明天的良好心态。

创业的价值就在于创造出独特的东西,敢于走前人和别人没有走过的路。创新创业者应勇于在理智的基础上大胆决断,在自信的前提下果敢超越,凭借自己的头脑和双手,依靠自己的努力和奋斗,创造美好生活,成就自己的事业。

学习单元四　职业生涯规划

职业生涯规划，又被称为职业生涯设计，是指个人与组织相结合，在对一个人职业生涯的主客观条件进行测定、分析、总结的基础上，对个体的兴趣、爱好、能力、特点进行综合分析与权衡，结合时代特点，根据个体的职业倾向，确定最佳的职业奋斗目标，并为实现这一目标做出行之有效的安排。生涯设计的目的绝不仅是帮助个人按照自身的资历条件找到一份合适的工作，更重要的是帮助个人真正了解自己，为自己定下事业大计，筹划未来，拟定一生的发展方向，根据主客观条件设计出合理且可行的职业生涯发展规划。

职业生涯是以心理开发、生理开发、智力开发、技能开发等潜能开发为基础的，以工作内容的确定和变化，工作业绩的评价，工资待遇、职称、职务的变动为标准，以满足需求为目标的工作经历和内容体验经历。

一、职业生涯规划有助于大学生形成科学的择业观

首先，大学生应提高自身能力，树立自主竞争的择业观。竞争是社会主义市场经济活力的源泉，大学生面对就业时不可避免地要参与竞争。竞争，实际上是综合素质的竞争，包括思想品德素质、专业素质、文化素质、身心素质、职业能力等，是大学生求学阶段通过课堂、实训以及自身的成长等不同渠道获得的能力的积淀。大学生要想在择业竞争中获胜，就要珍惜在校的学习时光，在发奋学习的基础上注重社会实践，全面提高自己的综合素质，注重自己各种能力的培养和提高，形成自主竞争意识，从而在竞争中脱颖而出。

其次，大学生要保持良好的心态，调整择业期望。择业受求职者自身条件和职业要求的限制，求职者不具备从事一切职业的能力，不同职业、劳动对象、手段和工作环境对求职者的能力也有相匹配的要求。新时代大学生不应片面地追求高薪、工作体面，要把握好择业期望值，从个人实际情况出发，主动适应社会发展需要，在自己的特定职业岗位上贡献力量；通过自己的努力发现问题，积极解决问题，学会利用社会支持来提高心理弹性，调整心态，应对择业带来的焦虑；在认清就业环境、找准自身定位的基础上，把握国家对大学生就业的多维度扶持政策，更好地实现自己的就业目标。

最后，面对动态的职业规划，大学生要树立终身学习的观念。大学教育固然重要，但大学毕业之后的延伸学习和拓展学习，对于选择职业具有同等重要的意义。知识经济时代，获取知识、运用知识和创新知识的能力是一个人成功的重要因素。在职场的劳动实践中，逐渐清晰地认知自己的优劣势，将终身学习当作自我发展和提高的基石。善于学习、有较强的学习能力和思维能力的创新型人才，才是知识经济时代的强者。

二、职业生涯规划有助于大学生找到发挥自我潜能的路径

职业生涯规划的实现，需要经历一系列的学习活动、实践活动。行之有效的职业生涯规划可以引导大学生正确认识自身的个性特质、现有与潜在的资源优势，帮助大学生重新对自己的价值进行定位并使其持续增值。针对大学生缺乏清晰职业规划、求职前准备不足、自我定位不够清晰、对职场能力素质的需求不够了解等问题，应采取有效措施强化大学生职业生涯规划的专业性。将劳动教育融入大学生职业生涯规划教育，可进一步拓宽劳动教育的实

施路径,增强职业生涯规划教育的实践基础,帮助大学生培养自我职业规划意识。

科学的就业指导和培训以学生的发展需求与职业目标为出发点,帮助学生结合自身特点及发展需求,整合资源,协同考虑就业发展趋势、形势等,有助于学生更清晰地认识自身潜能,找到自我发展目标。大学生可通过对自己综合优势与劣势的对比分析,树立明确的职业发展目标与职业理想,确定与实际相结合的职业定位,评估个人目标与现实之间的差距,发掘新的潜力职业可能性。

理实合一的校内校外实习实训,可以为大学生提供职业过渡体验平台和共享的职业体验平台。校内外实习实训是大学生职业生涯规划的重要组成部分,其通过有效的培训与指导,使大学生在入职前能结合自身素质与能力选择适合自己的职业路径。随着教育教学改革与发展,今后将会有更多的企业参与进来,在全社会的支持下,职业体验将以更丰富的姿态呈现。不仅要"请进来",还要"走出去",整合高校所在地的教育资源,解决高校就业指导工作内容枯燥、形式单调、功能单一等问题,通过多种渠道、多种方式丰富大学生的就业指导工作,从而积极引导和推进大学生就业。

三、职业生涯规划有助于大学生提高自身竞争力

科学有效的职业生涯规划对新时代大学生提高就业竞争力具有重要的现实意义。职业生涯规划是指在准确认识自身条件的基础上,科学评估现实环境,明确自身职业发展目标,制订相应的行动计划。职业生涯是人一生中最重要的历程,是追求自我实现的重要人生阶段,对实现人生价值起决定性作用。职业生涯是一个动态的过程。职业生涯是一生的工作经历,是职业、职位的变动及工作理想实现的整个过程。

科学有效的职业生涯规划,可以综合评估大学生的性格特点、兴趣爱好、能力和价值观,从而客观地分析其优势和劣势,评估所处的社会环境,增加大学生对就业竞争的理性思考,使其强化自我管理和自我规划意识,并结合实际确定职业发展目标和规划。

科学有效的职业生涯规划,可以帮助大学生了解社会和现代企业的发展趋势对人才的需求。随着智能时代的来临,新产品、新技术和新方法层出不穷,就业岗位的需求越来越强调专业化,越来越看重大学生的综合能力和个人发展规划。因此,为适应社会的发展和企业的需求,大学生应随时调整目标和规划,不断使自己的综合能力与企业需求相匹配,确保在未来的就业竞争中占据优势。

科学有效的职业生涯规划,可以开启大学生的创新创业意识,以适应"双创"时代发展的需求。职业生涯规划是提高创新创业能力的重要方式之一。高校应培养大学生正确的职业生涯规划观念,激发他们的创造性思维,使他们能够找准自己的职业定位,指导其规划出更具有竞争力的职业发展道路。

学习单元五　职业道德与职业精神

一、职业道德

所谓职业道德,就是同人们的职业活动紧密联系的符合职业特点的道德准则、道德情操与道德品质的总和。恩格斯曾指出:"实际上,每个阶段,甚至每一行业都各有各的道德。"职

业道德规定人们应该做什么，不应该做什么；应该怎样做，不应该怎样做。换言之，职业道德是从道义上要求人们以一定的思想、感情、态度、作风和行为去待人接物，去处事，去完成本职工作。职业道德是人们发自内心的品行、人格和精神世界。

职业道德不仅是从业人员在职业活动中的行为标准和要求，而且是本行业对社会所承担的道德责任和义务，职业道德是社会道德在职业生活中的具体化。

职业道德包括职业理想、职业信念、职业态度、职业品质、职业责任、职业良心等诸多方面，一个人职业道德的缺失体现在其对本职工作不热心，态度不端正，没有责任心等。职业道德与各种职业要求和职业生活相结合，具有较强的稳定性和连续性，形成比较稳定的职业心理和职业习惯，以致在很大程度上改变人们在学校生活阶段和少年生活阶段所形成的品行，影响道德主体的道德风貌。加强职业道德的培养应从以下几方面入手：

1. 端正职业态度

加强职业道德修养是培养一种职业态度。由于各行各业有自身的特点，所以其职业道德规范也不一样，因此要根据本行业的性质、地位、作用和特点，按照职业活动的客观要求来制定职业道德规范。如教师、医生，要学会情绪的自我控制，不可将个人的主观情绪带入工作中，要能迅速融入角色。再如秘书，要做好保密工作，始终从公司的利益出发。

2. 要强化职业情感

大学生应树立全心全意为人民服务的思想，这是职业道德的出发点和落脚点；忠于职守，热爱本职工作，刻苦钻研职业技术与业务，在职业活动中发挥创造才能；遵纪守法，团结协作，诚实守信，以主人翁精神对待工作；努力提高工作效率，保证工作质量，注意增产节约，爱护公共财物，廉洁奉公。

3. 注重历练职业道德意志

道德意志是劳动者在职业道德情境中，自觉地调节行为、克服内外困难、实现职业道德目的的心理过程。道德意志是道德意识的能动作用，帮助人们把道德动机贯穿于职业道德行动之中。具体表现为：使道德动机战胜不道德动机、利他动机战胜利己动机，排除困难，将道德行为进行到底。道德意志尤其突出地表现在抗拒不良环境的诱惑、抑制不道德行为的过程中。市场经济环境下的职业道德应该讲法治、讲诚信、讲效率、讲公平，内含为人民服务的道德要求。职业道德意志的最大特点就是自觉性和习惯性，而培养人的良好习惯的载体是日常生活，所以要紧紧抓住这个载体，有意识地培养自己的良好习惯，久而久之，习惯就会成为一种自然。良好的习惯一旦形成就会形成自觉性，道德意志的形成也是如此，要从注重日常生活细节开始，注重在日常生活中培养职业道德意志。

二、职业精神

职业精神是劳动者在长期的职业实践中提炼出来的一种职业情操，受职业界普遍认可。职业精神作为一种深层次的价值观念，支配着行业主体的职业活动，引导着从业人员的职业理念和职业追求，是个体在从事专业化工作时对自身行为实施自律规范的一种武器。

1. 实干笃行、爱岗敬业

敬业是中国人民的传统美德，敬业精神是一种基于挚爱基础上的对工作和事业全身心、忘我投入的精神境界，其本质就是奉献精神。敬业，即从业者对适应社会发展需要的各类职业,特别是自己所从事的职业的尊敬和热爱。敬业本质上是一种文化精神,是职业道德的集中体现。从事职业活动,既是对社会承担职责和义务,又是对自我价值的肯定和完善。职业精神所要求的敬业,承载着强烈的主观需求和明确的价值取向,这种主观需求和价值取向构成从业者实践活动的内在尺度,规定着职业实践活动的价值目标。

只有爱岗敬业,才能尽职尽责。如果热爱自己岗位的敬业精神还不够,就必须努力学习并掌握新知识、新技术,钻研服务的学问,掌握服务的本领,如此才能做好本职工作。马克思在中学毕业论文《青年在选择职业时的考虑》中写道:"如果我们选择了最能为人类服务的职业,我们就不会为任何沉重负担所压倒,因为这是为全人类做出牺牲;那时我们得到的将不是可怜的、有限的和自私自利的快乐,我们的幸福将属于亿万人,我们的事业虽然并不显赫一时,但将永远发挥作用,当我们离开人世之后,高尚的人将在我们的骨灰上洒下热泪。"一代伟人在青年时期就树立了为全人类服务的崇高敬业精神,为我们树立了光辉榜样。

只有爱岗敬业,才能忠于职守。劳动者应忠实于服务对象并对自己的工作认真负责、具有实现职责的最优效果的强烈态度和意向;能够承担风险,不以权谋私,具有强烈的职业荣誉感和契约精神。只有忠于职守,才能安心工作、热爱工作,把崇高的理想和追求落实到工作中去,投入百分之百的热情和努力,在平凡的岗位上做出卓越的贡献。劳动者在劳动实践过程中,增强工作的光荣感和使命感,提高工作效率,是忠于职守的基本表现。劳动者一定要坚守自己的岗位,爱岗敬业,勤勉尽责,忠于职守,永不松懈倦怠。实干笃行、爱岗敬业是一种孜孜以求、坚持不懈的敬业精神,也是一种乐以忘忧、乐此不疲的工作境界。

2. 务实求精、勤业精业

勤业,就是勤奋地从事自己的工作,这是尽职尽责的态度在日常工作中的具体展现,也是人的生命价值在平凡的点滴的具体事务中实现的唯一途径。勤业,是一种奉献精神,是一种工作态度,是爱岗敬业的重要体现,简单地说就是对事业勤奋、作风不慵懒、态度不懈怠、工作不懒惰。古人说"业精于勤",职业精神必须落实到勤业上。为了做到勤业,我们不仅要强化职业责任、端正职业态度,还要努力提高职业能力,大力推进职业化建设。

精业,字面上说就是精通专业,一丝不苟,恪守严谨,以精益求精的态度对待工作,认真负责且高效地做好自己的本职工作。精业是对自己的工作熟悉的程度,是一种态度、一种力量,更是个人能力的体现,是创造财富的基本技能。所谓精业,就是要干一行、爱一行、精一行,成为本专业精通业务的行家里手。只有把自己的工作做到游刃有余,才能更好地在自己的岗位上不断发展、进步。发扬精益求精的工匠精神,既需要一锤一敲的努力、日复一日的坚守,更需要一点一滴的创造、一步一步的进取。

3. 勤学善思、乐业奉献

勤学意味着勤奋学习,不断充实自己的知识储备并提升自身技能水平。在快速变化的时代,只有不断学习,才能跟上时代的步伐。善思要求我们具有批判性思维和创新能力。在学习的过程中,不仅要接受知识,更要学会思考,将所学知识转化为自己的智慧和力量。善思能够帮助人们发现问题、分析问题和解决问题,使人们在工作中更加得心应手,创造出更多价值。

乐业奉献体现了个人对工作的热爱、投入和对社会的贡献。这种精神不仅关乎于个人的职业发展,更是社会进步和繁荣的基石。在现代社会,乐业奉献的职业精神尤为重要。它激励着人们在各自的岗位上发挥最大的潜能,实现自我价值,同时也为社会创造更多的财富和价值。

职业精神是每个行业不可或缺的内在动力,它要求从业者不仅要有专业的技能和知识,还要有敬业的态度和对工作的热情。技能是职业精神的外在表现,是实现乐业奉献的工具和手段。一个拥有高超技能的人,如果缺乏职业精神,其潜力也难以得到充分发挥。反之,即使技能水平一般,但具备强烈的职业精神和乐于奉献的态度,也能够通过不断学习和实践,逐步提升自己的技能水平,最终在职业道路上取得成功。

情境单元一　案例解析

【案例 2.1】

高凤林:为火箭焊接"心脏"的人

发动机,是火箭的心脏。为火箭焊接"心脏",其要求之高、风险之大、条件之复杂,非常人可以想象。高凤林,就是这样一个为火箭焊接"心脏"的人。

高凤林,河北东光人,现任首都航天机械有限公司高凤林班组组长,中华全国总工会兼职副主席。

选择航天事业,就注定与高难度挑战相伴。火箭高达20层楼、体重数百吨,但仅仅一个密封圈、螺丝出现问题就能让它在飞行中轰然解体。焊枪的每一次点焊,力道、时间把握不对,都会留下隐患。为掌握过硬的焊接技术,高凤林一面虚心向师父求教,一面勤学苦练,吃饭时拿筷子练习送焊丝动作,喝水时端着缸子练稳定性,休息时举着铁块练耐力,冒着高温观察铁水的流动规律。

20世纪90年代,在研制"长三甲"系列运载火箭的过程中,大推力氢氧发动机大喷管的焊接成为研制瓶颈。大喷管的延伸段由248根壁厚只有0.33毫米的细方管组成,管壁比一张纸还薄,焊枪多停留0.1秒就可能把管子烧穿或焊漏,不但大喷管面临报废,损失百万,而且影响火箭研制进度和发射日期。高凤林连续奋战一个多月,腰和手臂都麻木了,每天晚上回家都要用毛巾热敷才能缓解,最终带头攻克难关。

作为一名航天特种熔融焊接工,高凤林几十年如一日,勤勤恳恳工作,先后为90多发火箭焊接过"心脏",占我国火箭发射总数近四成;先后攻克了航天焊接难关200多项,包括为16个国家和地区参与的国际项目攻坚;精心培育优秀航天技能人才,带出一支由50名技能大师组成的技术班组。

——转自中国共产党新闻网

案例解析

美好生活由劳动创造,人类社会的发展离不开每一位劳动者的努力。高凤林长年坚守在焊工的工作岗位上,为祖国的火箭焊筑心脏。作为新时代的高职生,首先,我们要以各行各业的劳动模范为榜样,学习他们对职业岗位的责任感与使命感,树立尊重劳动的意识,明确劳动奉献者永远是社会的脊梁。中国焊工高凤林等劳动模范向我们深刻诠释了劳动创造的丰富内涵,激发了新一代中国人砥砺奋进的精神力量。

其次，我们要在实践中用劳模精神激励自己，要求自己与时代同步，在本职工作岗位上做到"干一行，爱一行"，在专业技术上善于挖掘、勤于尝试，不断提高劳动技能和知识底蕴，争做有技术、有知识、能创新、会创造的劳动者，在服务国家和社会的同时成就自己，书写精彩人生。在工作岗位上，我们要将自己热爱的事业与祖国的命运联系起来，实现个人价值与助力祖国的辉煌腾飞并进，就像高凤林一样，为火箭铸"心"，为民族铸梦！

【案例 2.2】

物流公司的基本职业道德

2003 年 11 月 19 日，河北廊坊开发区某工厂全厂领导和工人都在焦急等待着某物流公司的一个快件，等待着一个重要配件来恢复生产。但整个北京大雾弥漫，首都机场很多航班晚点，飞机上的快件也迟迟不能落地。

急客户之所急，是该物流公司员工的共同想法，虽然员工提货时，已是 19:00，早已过了下班时间，而且天气恶劣，京津塘高速公路已经封闭。但该物流公司的两位工作人员还是克服了所有困难，在晚上 22:32 将快件安全送达客户手中，尽最大努力保证了工厂及时恢复生产。该物流公司员工的这种工作态度，正是中国现代物流行业职业道德的具体表现，也是职业道德对从业人员的最起码的要求。

物流行业的性质决定了物流企业的员工必须承担相应的职业责任，履行相应的职业义务。该物流公司管理者认为：快递物流作为服务行业，其产品是无形的，客户只看到结果，无法直接感觉到服务的中间过程，因而公司的产品和形象是通过员工体现的，公司要求员工遵守相应的职业规则，认真负责地完成自己分内的工作。从这个意义上说，整个公司生存的根本和企业的价值观都是通过员工实现的。

该物流公司拥有具备国际实践经验的来自不同文化背景的管理团队，他们的工作经历使其能很快地适应不同文化的差异。该物流公司的服务网络分布广泛，面对的往往是背景各不相同的全球化客户；该物流公司每天都与在其他国家的分公司进行业务协作，高层管理人员之间的联系很频繁；该物流公司管理团队中的高级管理人员具有先进的管理理念、很强的适应能力和丰富的销售经验及专业操作能力，同时，具有较强的职业道德精神。

探索与思考

1. 现代中国物流行业职业道德的基本精神具体体现在哪些方面？
2. 管理人员怎样使员工自己的要求与外部要求趋于一致？
3. 谈谈你对物流行业内存在的职业道德问题的看法。
4. 尝试提出你的建议。

情境单元二 讨论

全国劳模青岛港桥吊司机许振超是一流的桥吊专家，随身携带"三件宝"——笔记本、英汉词典和手提电脑。

许振超的事迹给我们的启示是要精业。

精业是爱岗敬业的高层次的展现，要做到精业必须不断学习。在学校期间要学习，走上工作岗位后也要不断学习。要做到精业,必须对工作精益求精,追求卓越,不断创新,争创一流。

总结:乐业、勤业、精业三者相辅相成、相得益彰。

乐业是各种良好的职业情感,是爱岗敬业的前提;

勤业是一种优秀的工作态度,是爱岗敬业的重要体现;

精业是一种高超的岗位能力,是爱岗敬业的升华。

扩展阅读

刘汉希望小学的建筑造价不比那些倒塌房屋的造价高,但它却能抗震不倒,主要原因是它的质量好,是参与建造它的所有人员具备了良好的职业道德。

职业道德,是指人们在从事职业活动中应遵守的行为规范的总和,是职业理想、职业责任、职业义务、职业良心、职业荣誉、职业宗旨、职业纪律的集中体现。建筑业职业道德的好与差,直接关系到国家财产和人民的生命安全。大地震发生后,人们再次强烈感受到加强建筑业职业道德建设的重要性和必要性。

最结实的希望小学是怎样建成的

——记四川北川刘汉希望小学和它的捐赠者

新华网四川北川 5 月 26 日电(记者朱玉、江毅)

史少先,2005 年调入新的学校任副校长。

新学校虽然是村级小学,但是教学质量和声誉历来不错,它是全北川县小学综合评比第二名,在校的娃娃年年都争气地给母校捧回个奖来。

史少先的新单位是四川北川刘汉希望小学,这是一个由企业捐赠的学校。史少先刚刚调过来时,就听老师们议论过:教学楼的质量还不错,修建时,用了很粗的钢筋。

史少先和老师们从来没有想到,自己的学校会与一场巨大灾难相联系,更是做梦也不曾料到,远在川北大山中的小学校,有朝一日会因一栋结实的教学楼而广为人知。

5 月 12 日下午,史少先正在办公室看书,大地开始震动。史少先和老师们立刻组织学生往操场上跑。

　　建筑面积 1 268.5 平方米的教学楼分为三层,有 12 个教室,共 11 个班,还有一个是多媒体教室。一、二楼的学生迅速跑到了操场上,但三楼有几个班的学生没来得及跑下来,楼上的晃动更为强烈,孩子们一跑就被地震波狠狠摔在地上,老师大喊着命令孩子:"原地蹲下!"

　　跑到操场上的史少先看到了极为恐怖的情景:满天灰尘,逼得人必须掩住口鼻。四面山体滑坡,山崩地裂,发出可怕的咆哮声;学校的围墙和四周的民房,一个接一个倒塌;平整的操场地面上,一边随着晃动裂出缝隙,一边拱起原本不存在的大包。

　　教学楼发出了咔咔的声音。地震平息后,教师和学生形容说,楼房剧烈摇晃,像荡秋千一样。

　　北川刘汉希望小学,位于北川曲山镇海光村,离被地震彻底摧毁的北川县城 8 千米。地震那天,共有 483 名学生、28 名教师在校。

　　史少先说,幸亏当时老师们及时疏散学生,也幸亏这栋教学楼没有塌,否则,在三楼的几个班学生就完了。

　　震后的学校,周边已成瓦砾。教学楼的交接处裂了两条细细的裂缝,楼后的地面下沉,使得整栋楼稍有倾斜,偏离中心大概有两厘米的样子。

　　震波过去,因为要防止山体滑坡和可能到来的洪水,教师们把孩子们转移到半山腰的平缓处,为孩子们找来了几十床棉被、一点点饼干和几瓶水,然后用竹子和编织袋,为孩子们搭起了简易的棚子。

　　那天晚上,孩子们俩人一组,背靠着背,腿上搭着棉被,在山腰上坐了一夜。

　　第二天,教师们为每个孩子发了一片饼干和一点水,然后拉着大的 12 岁、小的 5 岁一共 71 个娃娃,往山外走——之前,部分家长已将毫发无伤的 400 多个孩子各自领回家。

　　孩子们饿,但他们在大灾难前却异常懂事。老师也用好吃的鼓励学生:"加油啊,有好多糖等着你们,有冰激凌,还有面包、可乐。"

　　17 个小时后,在塌方、泥石流和余震中,史少先和教师们带着孩子们,冒着大雨,翻过了 3 座大山,在泥泞中丢掉了鞋袜,滚满了泥巴,连滚带爬,到达了北川县外的指挥部。

第三模块　劳模精神与工匠精神

劳动不仅能创造物质财富和精神财富,还能使劳动者在劳动实践中提高素质,发展其才能,实现其人生价值。人类的任何一项伟业都离不开劳动,劳动光荣是社会主义社会应有的道德风尚和价值共识。高尔基说:"我们世界上最美好的东西,都是由劳动、由人的聪明的手创造出来的。"任何个人或组织都不可能不经过奋斗而获得真正的财富,任何国家或社会都不可能脱离劳动而凭空存在和发展。新时代青年学子们有朝气,有活力,肩负着建设美丽中国的光荣使命。大学生在校期间应当勤学苦练、深入钻研,增强创新意识、勇于创新,努力成为拥有丰富专业知识和技术技能的新时代高素质劳动者。

学习单元一　劳模与劳模精神

劳动模范是民族的精英、人民的楷模,是共和国的功臣。1950年,党和国家首次表彰劳动模范。70多年来,各条战线英雄辈出、群星灿烂。习近平总书记指出:"长期以来,广大劳模以平凡的劳动创造了不平凡的业绩,铸就了'爱岗敬业、争创一流、艰苦奋斗、勇于创新、淡泊名利、甘于奉献'的劳模精神,丰富了民族精神和时代精神的内涵,是我们极为宝贵的精神财富。"

榜样的力量是无穷的。长期以来,广大劳模以平凡的劳动创造了不平凡的业绩,全国各族人民都要向劳模学习,大力弘扬劳模精神、发挥劳模作用。

时代需要劳模,劳模引领时代。"幸福都是奋斗出来的",美好的蓝图要靠劳动者用汗水绘就,华丽的篇章要靠奋斗者用双手书写。新的时代和使命呼唤新的担当,作为大学生,我们也要争当"劳模",让劳模精神在新时代发扬光大。

大学生是社会主义事业的建设者和接班人,要牢固树立爱业、敬业、乐业、勤业的职业理念,不断学习劳模精神,大力弘扬劳模精神,在实际工作中践行劳模精神,加强学习,立足岗位,踏实工作,提升水平,坚持不懈,开拓创新,努力实现社会主义新时代的伟大奋斗目标。

一、劳模的含义和分类

劳动模范简称劳模。"劳",表示劳动。"模",体现了一种"示范"和"楷模"的价值导向,一种可近、可亲、可信、可学的榜样作用。"劳模",在社会主义建设事业中成绩卓著的劳动者,经职工民主评选,由有关部门审核和政府审批后被授予的荣誉称号。劳模,意味着先进,是人民授予生产建设中先进人物的一种崇高称号,以表彰劳动中有显著成绩或重大奉献的可以作为榜样的人。

劳动模范的评选主要有以下几个条件:

(1)热爱祖国,坚决贯彻执行党的基本路线和各项方针政策,模范遵守国家法律法规,具有优秀的思想品质和职业道德,在推进产业结构调整中和在岗位"创新、创先、创优、创最佳"

中做出业绩者。

(2)崇尚科学。

(3)在环境保护、安全文明生产兴农、开拓农村市场、搞活农产品流通、发展经济、增加农民收入等方面做出贡献者。

(4)敢于探索,勇攀高峰。

(5)在社会主义物质文明、政治文明、精神文明建设及其他方面做出重大贡献者。

劳动模范分为全国劳动模范与省、部委级劳动模范,有些市、县和大企业也评选劳动模范。中共中央、国务院授予的劳动模范为"全国劳动模范",是中国最高的荣誉称号之一。

劳模,意味着希望和光芒,能照亮黑夜,温暖人心;劳模,意味着人理之伦,为他人、为社会创造生存的空间和条件;劳模,意味着价值取向,决定、支配主体的价值选择,对主体自身、主体间关系、其他主体均有重大的影响。劳模就是旗帜,劳模就是火炬,劳模就是形象,劳模就是标杆,劳模就是品牌,劳模就是导向,劳模就是珍贵的精神财富,能够引导全体劳动者热爱劳动,创造更多的社会财富。

劳模是体现着时代精神的平凡人,他们让民族精神有所依托,让民族历史有了厚重感;他们以自己的聪明才智、无私奉献的优秀品质和时代精神激励着人们不断拼搏奋进,在日积月累的平凡生活中向人们昭示着劳动的伟大之处。

二、劳模群体的发展演变

劳动模范是人类劳动和工作实践的结晶,是工人阶级和劳动群众的优秀代表。中国的劳模最早出现在土地革命战争时期,在社会主义建设事业中发挥了积极作用,产生了深远影响。

(一)在革命战争年代孕育成长

中国的劳模最早诞生于土地革命战争时期中央苏区的公营企业和革命竞赛中。1933年8月,苏区各厂矿企业开展劳动竞赛,提出了比数量、质量、成本等内容的竞赛目标,按时评比、表彰先进、评选模范。1938年1月1日,陕甘宁边区政府举办了"延安工人制造品竞赛展览会",奖励并宣传了一批先进工厂、合作社及劳动英雄,开始了边区的劳模运动。解放战争时期又出现了大量的"支前劳模"和新解放城市中的"工业劳模"。

20世纪40年代初、中期,中国共产党在陕甘宁边区发起了一场声势浩大的劳动英雄和模范工作者运动。这场运动提高了劳动者的地位,创新了生产组织形式,对陕甘宁边区的生产建设发挥了重要作用,为其他根据地发展经济建立了样板。

1939年时,为保证抗战供给,改善人民及工作人员的生活质量,边区政府号召全边区人民及各机关部队工作人员广泛开展生产运动。陕甘宁边区政府先后颁布了《人民生产奖励条例》《督导生产运动奖励条例》等,规定了奖励的条件、种类、等级、程序等。1940年边区政府会同中央机关及边区党委联合召开生产总结、颁奖大会,奖励了各机关学校在生产运动中涌现的劳动模范。

这一时期的劳模主要包括生产好的劳动英雄和工作好的模范工作者两大类,其优秀代表人物主要有赵占魁、吴满有、甄荣典、刘建章等。这一时期的劳模运动经历了从个人到集体、从生产领域到各个方面、从上级指定到群众评选、从数量增多到质量提高、从提倡号召到按规定标准予以推广、从革命竞赛到全面的群众运动的发展过程,体现了"服务战争、支援军事"的指导思想。劳模运动是边区发展生产和开展各项建设工作的一种新的组织形式和工作方法,极大地调动了军民斗争、生产、工作的积极性。劳模运动还引发了一场思想革命,在群众中首次树立"劳动光荣、劳动致富"的劳动观念,农民逐渐被组织起来,发展生产,创造模范村。劳模运动改进了工作,既培养了干部,又联系了群众,增强了劳动人民的团结,推动了生产建设事业和各项工作的大发展。

(二)在新中国成立后发展壮大

新中国成立后,面对国内外的紧迫形势,党和政府坚持沿用了革命战争时期的经验做法,依托社会主义劳动竞赛和生产运动,开展形式多样的劳模运动,注重发现和积极推荐劳模典型,评选出成千上万的劳模和先进工作者。

1950年9月至1960年6月是中国劳模快速发展壮大的时期,党和政府先后召开了四次大规模的全国性劳模和先进生产者代表大会,各地区以及各行业系统共表彰6 510个先进集体和11 126名先进个人,这些劳模广泛分布在社会各行各业,有着广泛的影响力、凝聚力和示范带头作用,他们中既有生产能手、岗位标兵、技术人员、科学工作者,又有先进工作者、优秀组织者和管理者。

20世纪50年代初期到70年代末,劳模评选以一线工人为主,大部分劳模都属于吃苦耐劳型的"老黄牛",行业涉及钢铁、石油、机械及服务业等,当选的劳模文化程度偏低、年龄偏大。全国第一批劳模的评选是在1950年。当时,全国战斗英雄和全国工农兵劳动模范代表会议在北京召开,出席会议的代表有464人。其中工业代表208人,农业代表198人,部队代表58人,他们都被授予全国劳动模范的荣誉称号。全国总工会副主席李立三在会议的总结报告中建议中央要加强对劳模的宣传,在劳动竞赛中组织推广劳模的工作经验,并把评选劳模作为一种制度固定下来,定期召开全国性的劳模大会。

这一时期的劳模在他们的工作岗位上埋头苦干,不为名、不为利,一心建设新中国。如在国民经济恢复时期,老工人孟泰为了恢复鞍钢高炉的生产,到处捡废料、捡镙丝,搞了一个孟泰仓库,为恢复高炉生产起到了很大作用。再如在三年困难时期,大庆油田1205钻井队铁人王进喜提出"宁可少活20年,也要拿下大油田"的口号,用英雄气概组织钻井工人,为我国甩掉贫油的帽子做出很大贡献。这一阶段的全国劳模中也有一些基层干部,如县委书记的榜样焦裕禄,他以"心中只有他人,唯独没有自己"的精神,带领全县人民栽泡桐、战盐碱滩、向贫穷宣战的感人事迹可歌可泣。在那个纯朴的年代,学习劳模成为一种社会风气,劳模也成为那个时代的精神象征。

(三)在改革开放中与时俱进

改革开放后,中国经济社会飞速发展,社会主义市场经济体制全面确立。以李素丽、徐虎等为代表的"身边"劳模用他们平凡而执着的坚守感动了国人。进入新世纪,以许振超、邓建军、孔祥瑞、王洪军、窦铁成、李斌等一线职工为代表,在继承发扬老一辈劳模艰苦奋斗、拼搏奉献精神的同时,苦练技术,大胆创新,成为知识型、技术型和创新型劳模。

20世纪80年代初期到90年代中期,社会主义市场经济体制确立。这一阶段的劳模评选既重视"老黄牛"型,更重视知识型。1978年12月召开的党的十一届三中全会确立我国

"以经济建设为中心",同时也拉开了改革开放的序幕。此后,我国家还明确了"知识分子是工人阶级的一部分",科学工作者的积极性空前高涨,并取得了丰硕的科学成果。从此,劳动模范的队伍当中,科技人员数量就大大增加了。如研制出我国第一台光学传递函数测量装置的光学专家蒋筑英,被誉为"中国式保尔";研制出第一台"图形发生器",并为我国航天工业做出重大贡献的罗健夫等科学家都被评为全国劳模。劳模评选的这一变化也带来人们观念的变化,尊重知识、尊重人才在社会上蔚然成风。

除此之外,劳模评选还融入了创新、以人为本的新理念。人们更加尊重劳动、尊重知识、尊重人才、尊重创造。工人阶级队伍不断壮大,民营科技企业的创业人员和技术人员、个体户、私营企业主等社会阶层都是中国特色社会主义事业的建设者,进城就业的农民已成为产业工人的重要组成部分。这些新的理念使近年来的劳模评选悄然变化——面向基层,面向一线。

三、劳模精神的内涵与基本要素

(一)劳模精神的内涵

劳动模范具有忘我的劳动热情、积极进取的精神状态,他们身上承载和彰显的劳模精神引领时代的发展,也丰富和拓展了中国精神的内涵。

劳模精神是劳模所体现的精神。在中国革命、建设、改革的各个历史时期,我国工人阶级勇挑重任。作为工人阶级的杰出代表,劳模在工作和生活中发挥了先锋作用。劳模所发挥的先锋作用是工人阶级先进性的集中体现。

党的十九大报告指出:"建设知识型、技能型、创新型劳动者大军,弘扬劳模精神和工匠精神,营造劳动光荣的社会风尚和精益求精的敬业风气。"大力弘扬劳模精神,充分发挥劳模的示范辐射引领作用,不仅是培养中国特色社会主义事业建设者和接班人的内在要求,也是推动我国社会发展、落实教育立德树人的重要举措。劳模精神有其时代特点、内涵和价值。劳模精神是中国精神的重要组成部分,是坚定中国特色社会主义文化自信的重要能量。在我国,劳模精神经历了四个阶段的发展,萌发孕育于革命战争年代,初步形成于新中国成立后的三十年,发展于改革开放以后,党的十八大以来继续深化。在这四个阶段,劳模精神的意蕴虽然有所不同,但社会主义核心价值观没有变,都以高度责任感、使命感为核心,以勤劳勇敢、自强不息的民族精神践行新时代使命,以改革创新、争创一流的时代精神展现新时代担当。

劳模精神,它折射出的是一个时代的人文精神,反映的是一个民族在某一时期的人生价值和道德取向。它简洁而深刻地展示着一个时代人的精神的演进与发展,它凝重而浪漫地体现着一个民族的时代思想。劳模们所折射出来的责任感、使命感能引领大家抛弃私心杂念,向着共同的目标奋进。在劳模精神的感召下,大家就有了标尺,就能够形成良好的崇尚责任、牢记责任、时刻不忘履行自己职责的意识。

(二)劳模精神的具体体现

劳模精神具体体现为"爱岗敬业、争创一流,艰苦奋斗、勇于创新,淡泊名利、甘于奉献"。

1. 爱岗敬业、争创一流

劳模精神体现为爱岗敬业、争创一流的精神。爱岗敬业是对劳动者的普遍性要求,争创一流是对劳动者的先进性要求。体现的是劳动模范的本色和追求。

崇尚劳动是中华民族的优良传统,五千多年的风雨洗礼,崇尚劳动、热爱劳动的精神已成为中国人鲜明的内在特质,敬业乐群、忠于职守更成为全国人民创造幸福美好生活的优秀品质。劳模精神激励了千千万万普通劳动者坚守信念、立足岗位、开拓创新、建功立业,极大地丰富了民族精神和时代精神的内涵,成为中国共产党人精神谱系的重要组成部分。劳模精神,要求人们在社会活动、职业活动中树立强烈的事业心和责任心,以爱岗敬业、争创一流作为最基础的要素,以恪尽职守、精益求精的劳动态度和真抓实干、务实肯干的劳动精神对待自己的岗位、热爱自己的工作。

培养爱岗敬业、争创一流的高素质劳动者,以扎实的实践基础培育新时代大学生的劳模精神,从以下方面着手:强化教育引导,培养和造就具有劳模精神的时代新人,注重舆论宣传,让劳模精神成为劳动者的精神指引;基于文化熏陶,赋予劳动者新时代劳模精神的特质;推动实践养成,使劳模精神的培育成为社会主义核心价值观的生动体现;激发广大劳动者干事创业的积极性、主动性和创造性,在全社会良好的劳动氛围中培育劳模精神,树立正确的劳动价值观,全面提升劳动者的整体素质和精神品格。

2. 艰苦奋斗、勇于创新

艰苦奋斗是一种斗争精神,即不怕艰难困苦、设法去战胜困难。艰苦奋斗是一种创业精神,即在艰苦奋斗的过程中,奋发向上、锐意进取、辛勤创业。艰苦奋斗是一种献身精神,即为国家和人民利益乐于奉献、勇于献身。

艰苦奋斗是中华民族的优良传统,也是劳模精神的根本内涵。一勤天下无难事,历年来的劳动模范,他们身上都有一个共同点,那就是艰苦奋斗、苦干实干。

奋斗,让只有初中文化水平的中铁一局电务公司电力高级技师窦铁成站在了技术最前沿,成为高级技师和知识型工人。从1999年起,已43岁的窦铁成从辨认一个个字母开始,练习打字,钻研CAD制图软件,书写了近200万字的学习笔记,记满了90多本工作笔记本,先后解决技术难题69项,并发明多项专利。

勇于创新是劳模精神的核心。勇于创新就是敢于创新、善于创新。勇于创新的精神即运用已有的知识、信息、技能和方法进行发明创造、改革、革新的意志、勇气和智慧。创新精神是一个国家和民族发展的不竭动力,也是推动人类文明不断向前发展的重要力量。

近年来评选出的劳模中,高级技工、科研精兵的比重不断增加,知识型、创新型劳动者不断涌现。"多做一点点、创新一点点,日积月累,'高原'才能成为'高峰',才能推动中国制造向中国创造转变。"全国劳动模范中国电子科技集团公司第五十四研究所钳工夏立曾这样说。

"杂交水稻之父"袁隆平,中国工程院院士,曾任湖南生物机电职业技术学院名誉院长。几十年来,头顶烈日、脚踩泥土,奔波在田间地头是他的工作日常。从三系杂交稻到超高产两系杂交稻,从盐碱地水稻高产新纪录到第三代杂交水稻早晚双季稻亩产新纪录,他攻克诸多育种技术"卡脖子"难题,用一粒粒种子造福中国、改变世界。

3. 淡泊名利、甘于奉献

淡泊名利,意为轻视外在的名声与利益,是劳模精神的灵魂。淡泊名利者,轻视外在的名声与利益,在国家、集体和他人需要的时候,能够放弃某些个人所得,心甘情愿地做力所能及的奉献。淡泊名利是做人的一种好心态,做人要正确对待名与利。新时代的劳模不会只看重眼前的利益,而是心怀大志、心无杂念,用纯粹的心投入所从事的事业。社会的发展与进步需要的是那些踏实做事,实在做人的人。

不为名、不为利、一心一意干社会主义——这是全国劳模尉凤英始终坚守的信条。1953年至1965年,她一门心思搞革新,实现技术革新177项,重大技术革新58项,所获得的奖金全部被她用来购买科研资料、建图书馆。

"劳模劳模,不劳动算什么劳模!"全国劳动模范、原山西省平顺县西沟村党总支副书记申纪兰几十年来从未停止过植树造林、绿化荒山的步伐。她带领村民坚持不懈植树播绿、修复生态,使昔日的荒山秃岭变成了草木葱茏的森林公园。

时代在变,但精神不变。劳模精神丰富和拓展了中国精神的内涵,充分展现了我国新时代工人阶级和劳动群众的精神风貌,为实现中华民族伟大复兴的中国梦提供了强大精神动力。如今,广大劳动模范和先进工作者充分发挥示范带头作用,不断丰富劳模精神的时代内涵,激励广大劳动群众争做新时代的奋斗者,推动全社会形成尊重劳动、劳动光荣的良好风尚。

四、弘扬新时代劳模精神

在中国建设、改革的各个历史时期,劳模精神鼓舞着广大职工群众为完成党和国家提出的目标和任务而努力奋斗,始终彰显时代精神,始终催人奋进。当今世界正经历百年未有之大变局,我国发展的内部条件和外部环境正在发生深刻复杂变化,在全面建成小康社会、实现第一个百年奋斗目标之后,我们正乘势而上,开启全面建设社会主义现代化国家新征程、向第二个百年奋斗目标进军。在民族复兴新的历史进程中,更需要弘扬劳模精神,凝聚奋进力量。

2013年4月28日,习近平总书记亲临全国总工会机关,在同全国劳动模范代表座谈时指出:"榜样的力量是无穷的。劳动模范是民族的精英、人民的楷模。长期以来,广大劳模以平凡的劳动创造了不平凡的业绩,铸就了'爱岗敬业、争创一流,艰苦奋斗、勇于创新,淡泊名利、甘于奉献'的劳模精神,丰富了民族精神和时代精神的内涵,是我们极为宝贵的精神财富。"

2016年4月26日,习近平总书记在安徽主持召开知识分子、劳动模范、青年代表座谈会,他强调:"劳动模范是劳动群众的杰出代表,是最美的劳动者。劳动模范身上体现的'爱岗敬业、争创一流,艰苦奋斗、勇于创新,淡泊名利、甘于奉献'的劳模精神,是伟大时代精神的生动体现。"

2018年4月30日,习近平总书记在给中国劳动关系学院劳模本科班学员回信时指出:"劳动最光荣、劳动最崇高、劳动最伟大、劳动最美丽。全社会都应该尊敬劳动模范、弘扬劳模精神,让诚实劳动、勤勉工作蔚然成风。"

弘扬劳模精神就是要在全社会广泛宣传劳动模范和先进工作者的先进事迹、优秀品质、高尚精神,给他们以应有的荣耀和社会地位,推动全社会进一步尊重劳模、关心劳模、学习劳模,让劳模成为更多人的精神偶像,让劳模精神随着时代的发展而发展,始终是引领时代的价值取向。

弘扬劳模精神,就是要学习劳模优良的品质、科学的态度、奉献的精神、务实的作风、过硬的本领,全面提升思想道德素质和科学文化素质,爱岗敬业,拼搏奉献,充分展现工人阶级在改革开放和社会主义现代化建设中的主人翁风采,以伟大的劳模精神推进我们的伟大事业。

弘扬劳模精神,就是要在全社会树立通过诚实劳动创造美好生活的风气,尊重和保护一切有益于人民和社会的劳动,让这些劳动都能获得平等的权利和公正的对待,让这些领域的劳动者都能得到同样的社会尊重,将各行各业都纳入多样化职业爱好和选择的视野之内,表明一个以人为本的社会对所有劳动者的共同敬意。

弘扬劳模精神,是时代的呼唤,是历史的必然。劳模精神是我们伟大民族精神的重要体现,是激励我们奋勇前进的重要精神动力。中华民族在五千多年的发展历程中,形成了以爱国主义为核心的团结统一、爱好和平、勤劳勇敢、自强不息的伟大民族精神。正是这种精神谱写了中华民族的历史,成为中华民族历经磨难而信念愈坚、饱尝艰辛而斗志更强的力量源泉。在社会主义建设时期,劳模以自己的聪明才智和奉献精神为国家经济建设默默无闻地做贡献,以自己的创造性劳动和取得的辉煌业绩推动着社会全面进步,以自己的崇高思想和先进事迹为全国人民树立了学习的榜样和光辉的旗帜。

劳动模范和先进人物具有的先进思想和优秀品质,是我们这个社会和时代的产物。要大力弘扬劳模精神,引导广大群众牢记工人阶级的历史使命,树立高度的主人翁责任感,以国家和民族的伟大复兴为己任,以极大的热情投入到各项建设事业之中。要大力宣传劳模事迹,让劳模精神深入人心;要积极选树先进典型,让劳模精神代代相传;激励创先争优,让劳模精神更具时代价值。

1. 弘扬劳模精神,凝聚新征程磅礴伟力

党的十八大明确提出了全面建成小康社会、实现"两个一百年"的奋斗目标,开启了实现中华民族伟大复兴中国梦的新征程。大力弘扬劳模精神,用劳模的先进事迹感召社会,用劳模的优秀品质引领风尚,引导广大劳动者不断提升思想道德素质和科学文化素质,提高劳动能力和劳动水平,不断为中国精神注入新能量,对团结动员广大职工群众克服前进中的各种艰难险阻,奋力夺取全面建成小康社会新胜利、实现中华民族伟大复兴的中国梦,具有重大现实意义和深远历史意义。

弘扬劳模精神就是在宣告劳模精神是全面建成小康社会、发展中国特色社会主义所需要和所呼唤的精神。这种精神过去需要,现在需要,将来更加需要。弘扬劳模精神,就是用劳模的优秀品质引领社会风尚。广大职工要坚定不移地做走中国道路的实践者、弘扬中国精神的承载者、凝聚中国力量的主力军,汇聚起众志成城、实干兴邦的正能量,为全面建成小康社会、实现中国梦做出新的更大贡献。

劳模精神的实质就是通过诚实劳动创造美好生活,这是改革开放实践所蕴含的时代精神。这种时代精神昭示人们,改革开放的目的就是要解放和发展社会生产力,破除束缚劳动者积极性、主动性的各种障碍,激发蕴藏在各种生产要素,特别是劳动要素中的创造活力,为人们用自己的辛勤劳动、合法劳动换取美好生活拓展广阔空间。这样,就能使各行各业的劳动者焕发更大的工作热情,激发更强的工作干劲,全身心地投入到全面建成小康社会、实现中国梦的伟大事业中。

今天,我们从事的是前无古人的伟业,我们靠什么来引领时代?靠的就是劳模和劳模精神。劳模是人们看得见、摸得着、学得来的好榜样,劳模精神是我们应该大力弘扬的时代精神。大力弘扬劳模精神,就是要营造劳动光荣、知识崇高、人才宝贵、创造伟大的社会氛围,动员和激励广大职工坚定信心、振奋精神、立足本职、扎实工作,为推动全面建成小康社会、实现中国梦做出自己应有的贡献。

2. 弘扬劳模精神,积极践行社会主义核心价值观

劳模精神集中体现了"富强、民主、文明、和谐、自由、平等、公正、法治、爱国、敬业、诚信、友善"的社会主义核心价值观的内在要求,弘扬劳模精神是用社会主义核心价值观影响人们思想行为的重要内容;社会主义核心价值观在注入劳模精神的过程之中,成为劳模精神的构成要素。

第一,劳模精神成为引领时代的主潮流和价值取向。在劳模精神的引领与影响下,越来越多的人在自觉地向劳模学习、向劳模看齐、以实际行动践行劳模精神。劳模精神已经成为推动培育和践行社会主义核心价值观的孵化器,最大限度地凝聚人民群众共同践行社会主义核心价值观。

第二,社会主义核心价值观必须占据人们价值取向的主导地位,最大限度地为全面建成小康社会、实现"两个一百年"奋斗目标凝心聚力。广大人民群众共同追求"富强、民主、文明、和谐"的国家发展目标,坚守"自由、平等、公正、法治"的社会价值取向,以"爱国、敬业、诚信、友善"为个人行为准则,就会更加自觉地将劳模精神融入自己的价值观中,自觉地以劳模精神为行动的指引,在践行劳模精神的过程中,更好地践行社会主义核心价值观。

3. 弘扬劳模精神,保持工人阶级伟大品格

长期以来,劳动模范在各自岗位上展现主人风采、焕发劳动热情,为改革开放和社会主义现代化建设做出了突出贡献,铸就了信念坚定、立场鲜明,艰苦奋斗、勇于奉献,胸怀大局、纪律严明,开拓创新、自强不息的工人阶级伟大品格。

信念坚定、立场鲜明是中国工人的政治本色,反映了工人阶级坚定而一贯的政治立场和理想信念。我们要用劳模的崇高理想凝聚职工,始终保持中国工人阶级信念坚定、立场鲜明的政治本色。

艰苦奋斗、勇于奉献是中国工人的价值取向,体现了工人阶级大公无私、不怕牺牲的高尚情操。我们要用劳模的先进事迹感召职工,牢固树立中国工人阶级艰苦奋斗、勇于奉献的价值取向。

胸怀大局、纪律严明是中国工人的光荣传统,表现了工人阶级严密的组织性、纪律性。我们要用劳模的高尚情操陶冶职工,不断发扬中国工人阶级胸怀大局、纪律严明的光荣传统。

开拓创新、自强不息是中国工人的进取精神,凸显了工人阶级与时俱进的阶级秉性。我们要用劳模的进取意识引领职工,着力弘扬中国工人阶级开拓创新、自强不息的时代精神。

中国工人阶级伟大品格是在长期的奋斗实践和创造活动中逐渐形成和发展的,是工人阶级先进性的具体人格化表现,是劳模精神具体生动的体现。它产生并发展于广大人民群众的生活实践,根植于人民,贴近于人民,富有强烈的感召力、亲和力和凝聚力,其基本内涵和价值取向易于被广大人民群众接受和认同。

大力弘扬中国工人阶级伟大品格,既要用正确的思想、进步的观念、先进的文化抵制和消解存在于一些职工中的落后思想和陈腐观念,引导他们坚定理想信念、提升精神境界、培育高尚情操,又要尊重广大职工的主体地位,保障广大职工的切身利益,关照他们的思想情感,包容他们的多元个性,因势利导、顺势而为,依靠他们来大力弘扬中国工人阶级的伟大品格。

随着时代的发展,中国工人阶级伟大品格还将进一步丰富、完善和升华。在新的历史起点上,要凝聚广大职工的智慧和力量,夺取全面建成小康社会新胜利,必须大力弘扬劳模精神和工人阶级伟大品格。

4. 弘扬劳模精神,引领社会风尚

当前,人们价值取向的独立性、选择性、多变性、差异性明显增强。弘扬劳模精神就是要在多样化的价值取向中确立社会的主导价值取向,让劳模精神成为受推崇的精神品格;就是要在多层次的价值准则中标明社会的高尚价值准则,让劳模精神成为受尊重的精神高地。

弘扬劳模精神与弘扬社会风尚是统一的。在全社会大力弘扬劳模精神,就要营造有利于弘扬劳模精神的体制机制,用劳模的优秀品质引领社会风尚,充分发挥劳模的骨干和带头作用,进一步形成崇尚劳模、学习劳模、争当劳模、关爱劳模的良好氛围。

五、劳模精神的社会价值

(一)劳模精神的奋斗价值

传播弘扬劳模精神,不只是劳模的事。每个社会群体都应以劳模精神引领自己,以劳模标准要求自己,努力向广大劳模看齐。每一个劳动者热爱劳动的实际行动,都是对劳模精神最好的传播和弘扬。人人学习劳模,人人尊重劳动,人人热爱劳动,人人创新劳动,只有这样,勤奋做事、勤勉做人、勤劳致富才能在全社会蔚然成风,从而形成全民奋斗、万众创新的新局面。

每一个劳动者的人生梦想,汇聚在一起就是宏伟的中国梦。中国梦的实现,不是空谈出来的,靠的是千千万万来自各行各业的人民群众流淌汗水,一砖一瓦,胼手胝足,靠的是劳模精神的发扬光大。正因如此,我们必须让"劳动光荣、创造伟大"成为时代强音,让劳模精神成为我们时代人人向往的精神高地。

1. 劳模精神激励全民奋斗

劳动模范们基于对自身工作的热爱、对劳动的热情,以积极的劳动态度、忘我的工作精神创造了一个又一个劳动奇迹,并利用自身的榜样效应在精神和实践上引领广大劳动者共同建设中国特色社会主义社会。自改革开放以来,劳动模范们在不同的时代背景下,展现出了具有时代特色的劳模精神的内涵,劳动模范评选标准、结构以及形象也在一步步变化,但不可否认的是,无论哪个时代的劳模精神都为现代化建设做出了巨大贡献,展现了精神引领作用。

劳模精神是民族精神的重要组成部分。一方面劳动模范们无私奉献的精神信仰在于其对中国、对中华民族的热爱;另一方面,劳动模范们的爱岗敬业、艰苦奋斗则展现了中华民族勤劳勇敢和自强不息的精神。可以看到，劳模精神集中体现了民族精神的核心要素。

劳模精神作为一种文化精神，并非固定不变，而是不断创新的、鲜活的，是随着国家经济、政治、社会发展而不断展现出时代特征的。改革创新既是时代精神的核心，也是对劳动模范的重要要求，并一直贯穿于劳模精神当中。劳模精神同样推动着时代精神的发展，不断为时代精神注入新鲜血液，使国家不断朝向现代化发展，最终实现中华民族伟大复兴的中国梦。

我们要善于在实际工作中学习和践行劳模精神。从人们耳熟能详的王进喜、时传祥，到如今新时期的劳动模范包起帆、郭明义，虽然他们从事的行业不同，但有一点是相同的，他们都坚持辛勤劳动、诚实劳动和创造性劳动，立足本职工作，刻苦钻研，自觉把人生理想、家庭幸福融入国家富强、民族复兴的伟业之中，都是践行和弘扬劳模精神的生动载体。

劳模精神代表了工人阶级的伟大品格，也是中国宝贵的精神财富，鼓舞了成千上万的劳动者前赴后继、不懈奋斗。劳模精神能促进社会的改革，是社会发展的精神引领，对于稳定社会环境、提高社会环境的舒适度，起到了助推器的作用。

2.劳模精神激励万众创新

劳模精神实质上是创新精神和劳动精神的结合体，而创新是国家发展的动力，是社会进步的灵魂。因此在劳模精神引领社会发展时，必须注意创新和劳动的结合。创新来源于各种生活实践的劳动中，最终又服务于生活实践并推动其发展。劳模精神的最本质价值在于其劳动性，但当劳动性与创新性紧密结合时，便可推动社会不断地向前发展。在不同的时代不断诠释劳模精神并不是重复性要求，而是社会历史要求。

"人无精神则不立，国无精神则不强。"伟大的时代孕育伟大的精神，伟大的精神推动伟大的事业。显然，自改革开放以来，劳动让国家和人民无论在物质还是精神方面都取得了巨大进步。

虽然因为劳动的目的、所处的环境和岗位不同，劳模们各自的业绩和贡献也不同，但他们都用自己的汗水和智慧，为祖国建设和发展写下了浓墨重彩的篇章。劳模们都是在各自的工作岗位上成绩显著、为国家建设做出突出贡献的先进分子。他们通过不断学习而表现出的创造力和带头作用，必定使一个单位或一个企业的生产力得到发展，因而劳模的创造力是先进生产力的体现。

劳模精神毫无疑问地属于精神生产，并且劳模精神既是精神生产的结果，也是精神生产的过程。精神生产最本质的特征便是创新。几乎所有的精神生产的研究者都将创新视为精神生产的最重要元素。精神生产产出的不是已有的知识，而是新的知识。劳模精神历经不断的总结直至完善，从既有的实践来看，改革开放以来劳模精神的历史嬗变，创新是其根本的体现。从改革开放初期的改革创新精神，到20世纪90年代概括劳模精神的24个字，乃至中国特色社会主义新时代提出的工匠精神和企业家精神，都包含了创新的元素。一种新理论的诞生，同样是新增社会财富的精神劳动。

不管是实现人的自我价值还是社会价值，都离不开劳模精神。一个人如果不具备劳模精神，个人理想将无法实现，自我价值将不能得到肯定，更不用说社会价值了。劳模精神中的爱岗敬业、争创一流鞭策劳动者不断走向卓越，而其中的淡泊名利、甘于奉献又与人的社会价值相呼应，使人的社会价值最大化。

(二)劳模精神的典型示范价值

恩格斯提出的"真实地再现典型环境中的典型人物"科学地揭示了典型人物与典型环境的辩证关系。所谓典型环境,就是充分地体现了现实关系真实风貌的人物的生活环境,既包括以具体独特的个别性反映特定历史时期社会现实关系总情势的大环境,又包括由这种历史环境形成的个人生活的具体环境。

1. 劳模精神引领劳动群体发展

劳模及其精神是劳动群体先进性的集中体现,是时代发展的产物,随着社会的演进而不断演进。劳模的作用主要体现在以精神力量激励他人。社会持续进步,始终需要那些能够预见未来、率先行动的领军人物。劳模的评选本质上是一种激励机制,通过树立典型、表彰先进,实现"正强化"。对先进个人的奖励,其直接效应在于树立榜样,促使人们向榜样看齐。

榜样作为一种可见的哲理,是最具说服力的。劳模精神具有示范和导向作用,通过树立劳模典型,可以明确提倡和反对的内容、弘扬和摒弃的价值观,为各行各业、各个领域提供明确的行动指南。劳模在工作中展现的职业精神、创新精神和高尚品德,其产生的裂变效应远超劳模在本职岗位上的成就,这正是劳模精神重要的社会价值所在。

对于广大普通劳动者而言,正是身边劳动模范的示范作用,激发了他们不断学习、提升劳动素养的渴望;促使他们愿意向师父、同事、书本和实践学习,以练就过硬本领,力求将工作做到极致;激发了他们立足岗位、埋头苦干、奋力拼搏的动力,以实现个人价值;促使他们从"要我劳动"转变为"我要劳动"的积极态度。

全社会都需要劳模精神来引领发展,支撑信仰,树立榜样。劳动是财富的源泉,是进步的动力。没有付出就没有收获,劳动创造看似平常,实则充满挑战,做好则需要真才实学。实践证明,一个城市的发展,需要政府的不懈努力,需要广大人民群众的辛勤劳动,需要各行各业的兢兢业业。当前,我们需要高举劳模精神的旗帜,需要人人融入"两个一百年"的伟大实践,用勤劳的双手,共同托起美丽的中国梦。

2. 劳模精神激励劳动者个人进步

劳动模范始终是我国工人阶级中一个闪光的群体,享有崇高声誉,备受人民尊敬。劳模们在各自岗位上爱岗敬业,带动群众锐意进取、积极投身改革开放和社会主义现代化建设,为国家和人民建立了杰出功勋。劳模立足本职,争创一流,集中体现了伟大的时代精神、创业精神、奉献精神,为国家和民族增添了绚丽光彩。劳动模范和先进工作者是坚持中国道路、弘扬中国精神、凝聚中国力量的楷模,为全国各族人民树立了学习的榜样。

运用劳模精神激励劳动者奋斗前行,实际上是一种历史使命。在日常工作中,应充分发挥劳模的示范引领作用,带动各行各业劳动者向劳模看齐,凝聚起真抓实干、推动发展的强大合力。

运用劳模精神激励劳动者奋斗前行,最终需要在本职岗位上落到实处。劳模们用他们的奋斗故事阐释了这样一个真理:劳动是最美的身影,创造是最好的奉献。广大劳动者来自各行各业,从事着不同内容的工作。劳动者在自己的工作岗位上兢兢业业,踏实苦干,就是对劳模精神、劳动精神、工匠精神最好的传承。光荣属于劳动者,幸福属于劳动者,社会主义是干出来的,新时代是奋斗出来的。伟大的成就昭示着我们,只要全体劳动者埋头苦干,用脚步丈量人生，用劳动书写华章，中国梦的大树就会茁壮成长，新时代的美好蓝图就会变成现实。广大劳动者只有以劳模为镜，大力弘扬劳模精神，艰苦创业，攻坚克难，砥砺前行，才能凝聚起奋进新时代的磅礴伟力，谱写新时代的精彩华章。

运用劳模精神激励劳动者奋斗前行，建设知识型、技能型和创新型的产业工人队伍至关重要。广大劳动者只有以劳模为榜样，树立终身学习的理念，将辛勤劳动、诚实劳动、创造性劳动作为自觉行为，紧盯行业、产业前沿知识和技术进步，走技能成才、技能报国之路，立足岗位、苦练技艺、勇于创新、精益求精，不断提高技术技能水平，在本职岗位上干出最佳成绩，把工作做到极致，成为一名懂技术会创新、敢担当讲奉献的新时代劳动者，才能为中国制造、中国创造夯实基础，为建设高素质劳动大军提供有力人才支撑。

（三）劳模精神的文化影响价值

劳模精神的内涵是与传统文化、民族精神、时代特征密不可分的。只有不断深化对劳动内涵和劳动价值的认识与理解，提炼、升华人们在劳动活动和工作实践中形成的内在精神、优秀品质，改造主观世界和改造客观世界的活动才能更好地推进，历史主体自身蕴含的力量才得以更好地释放。

1. 劳模精神是社会主义先进文化的代表

劳模精神所孕育的劳模文化，是中国革命、建设以及改革开放伟大历史实践的成果，它融合了中华民族的优秀传统文化与时代精神。这一文化体现了中国先进生产力与生产关系发展的需求，反映了中国广大人民群众的利益和愿望，指明了时代发展的方向。作为中华民族和全社会的宝贵精神财富，劳模文化应当成为中国特色社会主义先进文化和中华文明的重要组成部分，应当在社会发展过程中得到进一步的传承与弘扬。

对劳动的热爱是情感的体现，它代表了对劳动的尊重和崇尚，是各个时代劳动模范精神的共同源泉。热爱劳动体现了中华民族的优良传统，构成了社会主义精神文明的重要部分，也是那些创造劳动奇迹、留下感人故事的劳动者们所共有的高尚品质。

劳模精神始终与时俱进，但这并不意味着可以摒弃其深植于中华民族传统和社会主义核心价值的精髓。实际上，新时代的劳模精神更应彰显中华民族的气节与品质，这是劳模所体现的先进文化精髓。劳模不断进步的卓越经验，展现了其个人魅力和团队的凝聚力。他们通常能够团结并引领周围的群众，因此，围绕劳模自然会形成一种积极向上的群体文化。

"桃李不言，下自成蹊。"在推动劳模精神的传播过程中，群众的积极参与对于中国特色社会主义伟大事业至关重要。目前，我国正处于一个新的历史发展时期，经济体系、社会结构以及利益格局正经历着深刻的变革与调整，群众的价值观念亦日益展现出多元化、多样化和动态变化的趋势。必须深入挖掘广大职工群众的文化自觉性，激发他们强烈的社会责任感和精神文化认同感，使劳模精神成为社会广泛认同的核心价值，激励他们通过勤奋、诚实和创新的劳动实现个人价值的提升。

在新时代的征程中，劳动模范精神作为时代精神的具象，代表了时代的先锋。传承和发扬新时代劳动模范精神，不仅是实施新发展理念、倡导尊重劳动新风尚的内在要求，而且能够进一步激发广大劳动者的热情，通过勤奋、诚实和创新的劳动，助力实现全面建成小康社会的目标，为实现中华民族伟大复兴的中国梦贡献力量。

2.劳模精神是新时代创新发展的动力

随着技术、知识、管理创新的不断进步,创新劳动在推动科技进步和经济转型方面的作用愈发显著。广大劳动者需提升个人素质,培养锐意进取、勇于创新的时代精神,努力成为知识型、技术型、创新型的劳动者,充分释放创新潜能和创造力。在改革开放的进程中,积极开拓新路径、创新事业,这是实现梦想的最佳途径和最有效方式。

在当今思想文化不断进步的时代背景下,缺乏创新创造元素的劳动逐渐丧失了社会竞争力和物质生命力。我们必须广泛运用科学技术知识,进行创新性和创造性的劳动,以提高劳动效率和质量,赋予劳动新的时代内涵,确保劳动持续焕发其应有的光辉。

新时代实现"两个一百年"奋斗目标,必须弘扬劳模精神。从全面建成小康社会到基本实现现代化,再到全面建成社会主义现代化强国,根本上依赖于勤奋劳动、诚实劳动、科学劳动。我们应在全社会广泛弘扬劳动光荣、知识崇高、人才宝贵、创造伟大的时代新风,激励全体社会成员积极践行劳模精神,推动全社会尊重劳动、参与劳动、敬业奉献,为改革开放和社会主义现代化建设贡献智慧与力量。

新时代社会主要矛盾的解决需要弘扬劳模精神。中国特色社会主义进入新时代,我国社会主要矛盾已经转化为人民日益增长的美好生活需要和不平衡、不充分的发展之间的矛盾。解决好发展不平衡、不充分问题,要大力提升发展质量和效益,更好地推动人的全面发展、社会的全面进步。因此必须坚定理想信念、脚踏实地、艰苦奋斗。

新时代实现人生的幸福需要弘扬劳模精神。中国人民是具有伟大奋斗精神的人民,中国人自古就明白,世界上没有坐享其成的好事,要幸福就要奋斗。今天,中国人拥有的一切,都凝聚着中国人的聪明才智,浸透着中国人的辛勤汗水,蕴含着中国人的巨大牺牲。梦想属于每一个人,只要有志气,有闯劲,通过辛勤劳动,普通劳动者也可以在宽广的舞台上展示自己的人生价值,拥有实现幸福的机会。

今天,我们比历史上任何时期都更接近、更有信心和能力实现中华民族伟大复兴的目标。伟大的事业需要伟大的精神,伟大的精神来自于伟大的人民。新的伟大征程离不开劳动人民的辛勤劳动,离不开社会对劳动精神、劳模精神、先进事迹的弘扬。因此,全社会都要贯彻尊重劳动、尊重知识、尊重人才、尊重创造的重大方针,向伟大时代的劳模精神敬礼。

学习单元二 大国工匠和工匠精神

一、工匠的起源与发展

工匠是指专注于某一领域,能够运用一技之长,专门从事某种工作,并具有鲜明精神品格的劳动者。工匠作为各个历史时期的优秀劳动者代表,在促进人类进步和发展的进程中发挥了重要作用。

工匠的出现几乎与人类的历史一样久远。习近平总书记说:"人类是劳动创造的,社会是劳动创造的。"恩格斯指出,"真正的劳动……是从制造工具开始的"。制造工具最初是将自然之物通过人类的加工使其成为能够打猎或捕鱼的工具,如将自然的石块、动物骨头等加工成工具,这使得前人迈出了人猿相别的关键一步,同时也促进了早期工匠的产生。

随着生产力的发展和社会的进步,人类产生了提高生活质量的要求,对精美工艺品、艺术品的需求逐渐增加。手工艺劳动不仅创造物质财富,而且创造美的享受。其从创造人类生活不可或缺的工具发展到满足人类对美的需求,如陶工所制作的陶器,从简单粗陋到不断精致化,使得陶器不仅具有实用价值,同时也具有美学价值。

在中国,"工匠"一词最早出现在春秋战国时期,即社会分工中开始独立存在专门从事手工业的群体后才出现的,此时工匠主要指从事木匠的群体。随着历史的发展,东汉时期"工匠"一词的含义已经基本覆盖全体手工业者。

很多人认为工匠只是技术工人,没有认识到工匠在人类文明发展史上的重要作用,更没有认识到工匠精神的广泛性。我们应重新审视工匠的作用和地位,了解工匠对工艺精益求精的钻研精神,以及工匠、工匠精神对经济建设和社会发展的重要意义。

不论是传统制造业还是新兴制造业,不论是工业经济还是数字经济,工匠始终是中国制造业的重要力量,工匠精神始终是创新创业的重要精神源泉。中国制造、中国创造需要培养更多高技能人才和大国工匠,需要激励更多劳动者特别是青年人走技能成才、技能报国之路,更需要大力弘扬工匠精神,造就一支有理想守信念、懂技术会创新、敢担当讲奉献的庞大产业工人队伍,为经济社会发展注入充沛动力。

二、工匠对人类文明发展的意义

追溯历史轨迹,依托考古发现,我们了解到工匠是人类从采集时代进入农耕文明的重要推动者。工匠既要"造物",以弥补缺失;又要"制器",以满足人们日常生活及相关物质需求;更要"装饰",以满足人类对美的精神需求;还要在劳动过程中实现"立德",形成工匠的集体人格,对推动人类文明的发展做出突出贡献。

(一)工匠的道技实现了人类对美好生活的追求

工匠的道技指的是以规律为道、以手艺为技的精神特质。在传统手工业时期,工匠的"道技"渗透在日常生活中,影响着人们生活的方方面面,工匠造物注重实用,石器、陶器的制作首先要满足获取食物、储存食物的生存需要,随后,工匠开始注重造物过程中的道技合一。例如,上古有巢氏观察鸟类在树上的筑巢方式,教会了大家在树上巢居的方法;黄帝看见蓬草随风滚动,产生了发明车轮的创意;美国的莱特兄弟模仿飞鸟之象发明了飞机。工匠的道和技影响着人们对于物品工艺水平、实用价值和审美价值的判断,工匠在由技入道、道技合一的过程中实现了人类对美好生活的不断追求。

(二)工匠的操守形成了优秀劳动者的集体人格

工匠的操守是工匠身上一代代传承下来的文化特质和道德精神。"如切如磋,如琢如磨"反映了工匠精雕细琢、追求完美的工作态度。《庄子》中庖丁解牛、匠石运斤等生动事例不仅体现了工匠鬼斧神工的高超技艺,更是体现了他们高尚的品德。从根本上说,工匠的操守就是一种道德精神。从德性论的层面而言,人的一切行为源于内在的品格。对完美的追求、精益求精的态度以及持之以恒的探索创新都是内在德性的体现。从道德的角度出发,每个人都应当追求德性,过一种有德性的生活。坚守质量品质,注重打造精品,把产品的好坏看作是自己人格和荣誉的象征,这样才能成为一个具有优美德性、始终追求卓越的人。

自古以来,我国工匠秉持着崇德尚贤、德艺兼修的操守,形成了砥砺技艺、修身养性的专业职责与精神追求,这也渐渐成了我国优秀劳动者的集体人格。

(三)工匠的创造推动了人类的进步

在中华民族五千年的历史长河中,既有鲁班这样的圣祖与大师,更有无数无名工匠建造了故宫、万里长城、秦兵马俑等世界奇观,工匠的血脉得以延续和传承。从石器时代、铜器时代、铁器时代、蒸汽时代、电气时代,直至信息化时代,在每个历史发展阶段,都有代表性的工艺技术与发明应用,它们化身一个个历史符号,在人类文明史上具有里程碑式的意义,从而深刻地影响了人类的物质生活、精神生活,极大地推动了世界的科学进步和文化发展。

三、现代大国工匠及其成长之路

工匠自诞生起便随着人类社会的发展而不断演变,他们适应着科学技术的进步、身份角色的转换、劳动内容的更新、劳动组织方式的迭代,逐渐在社会生产中占据越来越重要的位置。在工业文明高度发达的今天,工匠的素养已成为决定一个国家制造业水平甚至综合国力的关键因素,兼备高超的技能水平和高尚的道德情操的工匠不断涌现,近年来,他们有了一个响亮的称号——大国工匠。

(一)大国工匠

大国工匠是指符合劳动模范标准,具备家国情怀的优秀劳动者。成为大国工匠的前提是要践行工匠精神,具备优秀的专业素质和高超的技能技艺,其职业能力在同行中出类拔萃。在此基础上,成为大国工匠还要践行劳模精神,热爱祖国,忠于人民,能够带领更多的劳动者服务社会,建设祖国。由此可见,大国工匠不仅是工匠中的佼佼者,还是具备高尚道德情操的优秀劳动者,其特点可以具化为以下两个方面。

1. 具备行业顶尖的技能水平

大国工匠无不是行业翘楚、技能大师。他们各怀绝技,有的能焊接薄如纸张的特种材料,有的能凭双手感知微米级的精度变化,有的能在木料上雕刻清明上河图。大国工匠们运用这些高超的技艺为国家制造关键部件、改进审查工艺、解决技术疑难、奉献艺术瑰宝。高超的技能水平是大国工匠为国家做出突出贡献的前提。

2. 兼具工匠精神与劳模精神

工匠精神强调劳动者在工作和事业上的职业精神,是职业道德、职业能力、职业品质的综合体现;劳模精神则立足于以为国家发展做贡献、为人民谋福祉为己任的道德境界,更加强调责任与担当。新时代的大国工匠要以精益求精的匠心打造高品质产品,诠释他们的工匠精神;还要以兴邦利民为己任,展现他们的劳模本色。

(二)大国工匠的成长之路

大国工匠的成长并非一蹴而就,而是要经过点点滴滴的修行和磨炼。一名劳动者通过刻苦学习、努力钻研,成为有一定文化素养和劳动技能的合格劳动者;作为合格的劳动者,他们在自己的行业里精耕细作、修习心性,练就专精技能,便可成长为工匠;合格劳动者里的另一群人,由于具备了爱岗敬业、争创一流、艰苦奋斗、勇于创新、淡泊名利、甘于奉献的精神,便成长为优秀的劳动者——劳动模范;而能将工匠的技能特质与劳模的精神特质集大成者,便可称之为大国工匠。

我们要厘清合格劳动者、工匠、劳模和大国工匠的个性化特质和关系,理解工匠与劳模的文化内涵,了解大国工匠的成长之路,这对我们未来的职业发展和人生追求具有科学的指导意义。

四、工匠精神的内涵

工匠精神是人类劳动的结晶。从精神层面上讲,工匠精神是一种态度,一种信仰;从物质层面上讲,工匠精神是一种品质,一种财富;从职业层面上讲,工匠精神是一份专注,一份精致。具体到工作实践中,工匠精神就是一种对工作精益求精,追求完美与极致的精神理念,包含了严谨细致的工作态度、坚守专注的意志品质、开拓进取的创新精神以及追求卓越、精益求精的工作品质,是一种特殊的职业精神。工匠精神是职业道德、职业能力、职业品质的体现,是从业者的一种职业价值取向和行为表现。

工匠精神,原指人们不懈地雕琢自己的产品,提升工艺水平,追求产品品质的完美与极致,对精品持有坚定而执着的追求,体现了一种精神品质。随着时代的演进,社会分工日益精细化,工匠精神已不再局限于手工业时代对产品的精雕细琢和精益求精,而是扩展至各行各业,要求人们以高标准对待本职工作,注重每一个细节。因此,工匠精神已成为职业精神的重要组成部分。具体而言,新时代工匠精神的内涵至少包括以下几个方面:

1. 坚定不移的理想信念

理想信念是人们对未来的向往和追求,一旦确立,便能产生强大的精神动力,成为胜利的关键和精神的支柱。新时代的工匠们必须树立崇高的、坚不可摧的理想信念,巩固理想信念的思想基础,从而摒弃浮躁,淡泊名利,踏实工作,坚定不移地为实现既定目标而努力。

2. 爱岗敬业的职业精神

这是工匠精神的核心内涵。爱岗与敬业相辅相成,互为表里,爱岗是敬业的前提,敬业是爱岗的深化。简言之,爱岗敬业意味着对工作的一丝不苟,勤勉尽责,不畏艰难,乐于奉献。

3. 精益求精的职业态度

追求卓越是工匠精神的核心价值取向,一位杰出的工匠必须保持耐心、细心和恒心,始终追求产品或服务的持续改进,力求更好,永无止境。

4. 开拓创新的进取精神

开拓创新意味着从无到有,从有到优,不断探索和突破,这是工匠精神得以传承和发展的不竭动力。缺乏创新精神的工匠,将因循守旧、墨守成规,终将被时代所淘汰。

5. 协同合作的团队精神

工匠精神中所蕴含的团队精神,反映了当代社会的特点。在现代社会,任何一项工作都是由多个部分构成,需要人与人之间的协作与配合。越是复杂的劳动,越能凸显团队精神的重要性。"同心山成玉,协力土变金",团队合作往往能将个人潜能发挥至最大。

五、弘扬工匠精神的意义

在新时代弘扬工匠精神,不仅具有强烈的时代意义,而且有其深刻的历史必然性。

首先,弘扬工匠精神,是为了造就一支宏大的产业工人队伍,以满足我国建设现代化强国目标的需要。要实现"两个一百年"的奋斗目标,必须推动我国由制造大国向制造强国的转变,实现从中国制造到中国创造的跨越。而要完成这一目标,急需造就一支有理想守信念、懂技术会创新、肯担当讲奉献的宏大的产业工人队伍,而要切实推进产业工人队伍建设改革,必须大力弘扬工匠精神。

其次,工匠精神有助于体现社会主义核心价值。工匠精神属于高层次文化形态之一,是社会主义核心价值观外化的体现。习近平总书记曾经提出"一切劳动者,只要肯学肯干肯钻研,练就一身真本领,掌握一手好技术,就能立足岗位成长成才,就能在劳动中发现广阔的天地,在劳动中体现价值、展现风采、感受快乐"。工匠精神,始终注重的是工作中的专注以及一丝不苟的职业理念,具体体现了社会主义核心价值观的"敬业"理念。工匠精神也非常注重耐心以及细节,有效契合了社会主义核心价值观的"诚信"理念,对于广大劳动者的工作热情也具有有效的激发作用,可以引导广大劳动者通过劳动实现自己的理想,在此过程中体现劳动者的人生价值,在社会范围形成良好的劳动风气。工匠精神不但有助于体现个体精益求精的精神,同时也能够体现国家和社会在发展中形成的生存理念以及价值观念,蕴含着丰富的中华传统文化。

再次,弘扬工匠精神,是适应国际竞争、推动中国制造走出去的需要。近年来,许多国家提出了各种具有前瞻性的发展措施,我们必须加快经济发展方式转型和产业结构升级,才能在激烈的国际竞争中站稳脚跟,才能推动我国企业走出去。因此,大力弘扬工匠精神,培育大批大国工匠,全面提升劳动者素质,已成为当务之急。

最后,弘扬工匠精神,是满足个性化、定制化生产的需要。当前,我国正经历从工业化向信息化的转变。飞速发展的互联网、大数据、物联网、人工智能技术,正改变着人们的生产方式和生活方式。与工业化生产不同的是,如何满足消费者个性化和定制化需求,已经成为企业竞争的新蓝海。因此,随着信息时代的到来,弘扬工匠精神,也就具有了某种历史必然性,有助于个性化、定制化的职业追求以及人生理想的实现。工匠精神追求行业中的"精"和"专","精"是在行业中精益求精,追求极致,以能够在原有技术基础上实施创新和发展;"专"是在工作过程中专心致志、脚踏实地。所以,弘扬工匠精神不仅是对工艺精益求精的追求,同时也属于一种行为和举止。

六、践行工匠精神

时代需要大国工匠。对于职业院校学生而言,工匠精神又是人生观、价值观、职业观的集中体现,是知、情、意、行的统一。因此,我们应立足于自己的职业选择,知行合一,通过对自身的思想认识、行为习惯、意志情感的锻炼,在职业认知、工匠精神价值认同、激发职业兴趣的基础上,牢固树立新时代的工匠精神,培养社会责任意识、使命意识。

(一)建立科学的职业认知

正确认知自己从事的职业,坚定将职业转化为毕生事业的理想。有什么样的思想就有什么样的行为。干一行，首先必须要爱一行，只有对自己将来所从事的职业真正了解、热爱，才能长期坚持和精益求精。对职业的认知，不应视之为谋生的工具，而应视之为自己终生奋斗的事业。理想的高度决定人生的高度，如果职业理想只是为了谋生，为金钱而劳动，那么是不可能具备工匠精神的。工匠不是普通的从业者，能被称为"匠"的从业者必须具有高超技艺、精湛技能且有敬业奉献的可贵品质。高超技艺、精湛技能来自日复一日的反复磨炼和刻苦钻研，没有正确的职业观是难以坚持的。那些成长为大国工匠的劳动者没有一个人是为了金钱或待遇而工作的。

大学生首先要了解专业，主动了解将来所从事的职业及岗位工作内容，客观分析自身兴趣和特长，择己所爱，确定自己毕生奋斗的职业目标，有了这样的思想认识，才能沉下心进行专业知识和技能的学习，才能在精湛技艺的积累中守得住初心、耐得住寂寞。

(二)提升对工匠精神的情感认同

痴于其中，则技艺必精。积极的情感是行为的重要驱动力，首先要做到情感上热爱、专注执着、精益求精，要摒弃对匠人的鄙视，将工匠精神融入社会主义核心价值观之中。要意识到当代社会工匠精神的价值，当代社会消费升级，对产品要求质量至上。要做到在同类产品(服务)中使用寿命最长、故障发生率最低，劳动者定要严谨细致、技能精湛、技术高超。正如《大国工匠》第一集的解说词所言："工匠的工作看似平淡无奇，但这些工作中都积淀着经年累月淬炼而成的珍重技艺，承担着身家性命和社会民生的重大责任。相当多的工匠岗位是以一身之险而保大业平安，以一人之力而系万民康乐。"在学习中，要把工匠精神提升到职业道德的层面，将弘扬工匠精神视作责任和使命，在工作和学习中努力追求卓越、追求极致。

(三)锻炼坚忍不拔的工匠意志

古人云："古之立大事者，不唯有超世之才，亦必有坚忍不拔之志。"大学生要成长为大国工匠亦如此，不仅要有超出世人的天赋和才华，还必须有坚忍不拔的意志。匠人最引以为傲的是成熟的技艺，而技艺的提高和精湛在于重复的练习和一次次的突破，技艺、技能从掌握到炉火纯青需要经历长时间的反复练习和揣摩，这种枯燥的重复练习也不是一时的兴趣可以维系的，必须具备坚强的意志。同时对于真正的工匠来说，往往还需要技艺的突破、提高和创新，需要无数次的反复实践，在实践的过程中难免会遇到竞争、挫败、瓶颈期等，靠一时的激情也是难以维系的，需要锻炼顽强的意志。因此，大学生在提升职业兴趣的同时，还必须锻炼自己的意志，培养吃苦耐劳的精神、不怕挫折的抗打击能力和坚忍不拔的意志力。

(四)注重工匠精神的行为养成

"纸上得来终觉浅，绝知此事要躬行。"工匠精神的培育和养成重在知行合一，贵在持续坚持。敬业乐业、勤勉做事的职业操守，干一行爱一行，钻一行精一行，身边的杰出工匠给我们树立了光辉的榜样，我们需要将工匠精神转化到日常行动中来，将工匠精神转化到行为习惯中来。要在行为习惯中实践工匠精神，在实践中感悟工匠精神。这样，工匠所需要的基本素养就可以进入我们的意识深处，融入我们的思维和劳动习惯中。

学习单元三　技能竞赛与工匠成长

一、世界技能大赛简介

世界技能大赛被誉为"技能奥林匹克",由世界技能组织举办。世界技能组织成立于1950年,由西班牙和葡萄牙两国发起,其前身是国际职业技能训练组织,后更名为世界技能组织。世界技能组织每年召开一次全体大会,两年举办一次世界技能大赛。

世界技能大赛顺应工业化、信息化的人类社会发展趋势,通过项目的设置、规则的制定、标准的规范,引领各国职业技能人才的培养方向。这项赛事既是各国顶级技能人才的技术比拼,又能促进技能人才培养与企业需求的高度融合,有效彰显和提升技能人才在各国经济社会发展体系中的职业地位和基础作用。

1. 精细化技能

世界技能大赛的评分规则表明,个人选手的最终成绩并不单单取决于其竞赛作品,而是要综合比赛开始后的每个操作节点所获成绩,包括工具的使用、环境的保护,某个中间环节操作不精即会导致最终的失败。这意味着选手必须严格遵循操作规范,对工艺流程的每个步骤都要追求严谨。

2. 普及性技能

世界技能大赛每个赛项设置均来自企业真实的生产项目,其竞赛规则、评分标准也源自企业实际应用。这意味着这种技能竞赛并不是像体育竞技那样考评"人体的极限",而是考评选手所拥有的质量意识、操作技能、工艺规范是否为企业所需。所以,这种技能竞赛的项目和要求从一开始就是相应职业领域内每个从业者应该培养和追求的技术技能素养。

3. 创新性技能

创新是人类发展永恒的主题,人类社会科技发展史表明,当代尖端的科技都是发端于工艺技术的创新。所以,世界技能大赛在强调基础技能的同时,也给选手以创新的极大空间,如化学实验团队挑战赛、网站设计项目等,更多地体现了创新能力。

二、积极参加技能竞赛,自觉养成工匠精神

2006年,中共中央办公厅和国务院办公厅印发了《关于进一步加强高技能人才工作的意见》,就高技能人才的培养、使用、激励等从国家层面进行了政策指导,此后,中央政府和各地方政府也采取了系列举措,解决技能人才特别是高技术技能人才匮乏的问题。意在从根本上夯实中国制造的根基,培养大批具有现代科技意识的大国工匠,让中国技能伴随中国制造走向世界,成为一个技能强国。

高职院校积极贯彻落实教育部等部门关于职业教育活动的要求,每年定期开展院级职业技能大赛活动,参照国赛赛项设置各类竞赛,建立学院、省、国家三级人才选拔机制,为参加省赛、国赛选拔储备了有潜质的"种子"选手,实现了职业技能大赛的广泛化、常态化、制度化,营造了德技并修的竞赛文化氛围。通过比赛,大学生体会到技能提升的快乐,树立了努力学习的信心,激发了竞赛热情,增强了学习的内驱力和获得感。

职业技能大赛不但为高职院校学生提供了一个展示技能、切磋技艺、提高水平的平台，也为高职院校学生弘扬工匠精神，营造崇尚知识、崇尚技能，学知识、学技能，用知识、用技能，比知识、比技能的良好氛围。参加技能大赛，能与同专业的同学互相切磋、互相学习，既增强了友谊，又提高了自身技能，在比拼中将工匠精神内化于心，外化于行。

情境单元一　案例解析

【案例 3.1】

建筑工地上的"钢铁侠"

从初出茅庐的技术员，到声名鹊起的中建二局三公司华东分公司副总经理；从工地上拼命硬干的"钢铁侠"，到获得全国五一劳动奖章……他叫李纲，2020年全国劳动模范获得者。11年里，在建筑长廊中，他用劳模精神践行着专一行精一行的初心，成为建筑工地上的"钢铁侠"。

"劳模不一定要做惊天动地的事情，在平凡的岗位上精益求精，用工匠精神做好每一件事情，充分发挥劳模的示范引领作用，这才是一名劳模要体现的真正价值。"前几天刚刚在人民大会堂接受全国劳动模范荣誉表彰的李纲说。

敢拼敢搏，将任务做得尽善尽美的"钢铁侠"

2009年，李纲大学毕业后进入中建二局三公司天津分公司担任一名实习技术员。因为他工作认真负责，敢干敢拼，2010年5月升任为技术部部长。

提及不到一年时间就转为技术部部长的事儿，李纲说："可能是我责任心比较强。当时项目迎接检查多，很多人嫌累。但是我觉得这是非常好的锻炼机会，主动去承担，很少休息，力争把接到的每一个任务做到尽善尽美。"

2010年，天津分公司接下了廊坊万达65万平方米的工程。因为一些原因耽误了工期，当年12月份，李纲被公司紧急征召过去，他与17名同事一同奋战。

作为项目上唯一一名技术员，李纲像"开了挂"一样拼命工作，争取把耽误的工期"抢"回来。春节期间李纲一直坚守在岗位上，那年他没有回家过年。除夕一早，他像往常一样赶赴工地上班，结果发现项目上除了门卫空无一人。原来，项目在除夕当天放了半天假，李纲忙得把这事给忘得死死的。

由于连续工作，李纲极度疲劳，每天回到宿舍倒头就睡。一段时间下来，他的脚伤因为没有得到及时护理而发炎溃烂，路都走不了，不得不在一个周六请假半天卧床休息。但是，从早上6点到中午12点电话不断，他就躺在床上处理工作。"那段时间我是咬牙硬扛下来的，一天三餐都是点外卖度过的，以至于后来一看见快餐就想吐。"李纲说。

"用责任和担当来做好每一件事。"这是李纲当时的工作信条。也正因为李纲敢拼，他在工地上就有了"钢铁侠"的称号。

精益求精，用钻劲解决无数技术难题

2011年，年仅25岁的李纲被任命为天津依云郡项目总工。而作为甲方打开市场的"敲门砖"项目，项目质量要求非常严苛。"如此年轻的项目总工，能干好吗？"甲方提出了质疑。

在工程装修施工期间,项目使用加气砌块进行砌筑,甲方要求砌块上下两层之间的灰缝不得超过 3 毫米,而放置在两层砌块之间的水平墙拉筋直径高度就有 8 毫米。如何解决多出来的 5 毫米,一时成为无法逾越的障碍。

"必须按甲方要求施工。"李纲说。面对严苛要求,他抱定了攻克难关的决心。但过程并不如意,在分包队工人来回换了 7 拨后,难题依然无法解决,李纲对破解这个难题也产生了动摇。

为找到解决的办法,他带领技术人员收集大量资料,跑到各个工地观摩学习,到砌块厂家走访,找专家论证分析。在与厂家的一次交流中,李纲偶然得知湖北瓦匠办法多、技术强,他仿佛看到了曙光,立即着手引进。

在分包到来后,经过大量实验,终于取得了突破:在砖砌出的平面上切出 10 毫米的深线槽,将 8 毫米直径的水平墙拉筋直接镶嵌进线槽中即可,这一简单实用的办法近乎完美地解决了砌筑难题。而经验丰富的师傅们和先进的切槽机器更是顺利保证了施工工期。

多年的努力和付出终有回报,李纲在工作中的表现不仅获得了甲方的赞许,也得到了各方的认可。2017 年,李纲获得全国五一劳动奖章。

2017 年,李纲到金茂天津河东一热电一期工程任项目经理。项目以他的名字成立了李纲劳模和工匠人才创新工作室,主攻工地智能化方向。

工地防雾霾是重中之重,项目购置了雾炮、地面喷淋管、塔吊喷淋管、洒水车、PM 2.5 监测仪器等。工作室研发了一个小程序,一旦 PM 2.5 超标,李纲的手机就会报警,他通过手机即可操作整个工地的喷淋系统进行降尘。洒水车司机的手机也安装有雾霾自动报警器,可以同期启动洒水车进行洒水作业。

就是凭着这种锲而不舍的钻劲儿,李纲征服了甲方,更攻克了无数的技术难题。2018 年 12 月,他边手持新型智能电热保温铝合金模板,边为参观群众介绍着新产品特性;混凝土试验软件、张拉梁屋面结构、装配式一体化消防泵房……中建二局三公司的技术创新产品层出不穷,李纲一项一项认真介绍着。

攻坚克难,带领团队创新创效 3 000 万元

2019 年 3 月,李纲赴任南京华能双子座 EPC 项目指挥长。伫立江边,凝视着身前的泥泞地,即使荣誉载身、百炼成钢的李纲也感到棘手。

长江之滨,构造断裂,溶洞毗连,孤石丛生,可以说是长江沿岸最为复杂的地质环境。"南京长江大桥曾为此退避百余米。"李纲说。他屏气凝神,沉稳干练地开始部署工作。李纲第一时间召集"李纲劳模和工匠人才创新工作室"的成员们研究地质勘探报告,反复研讨可行的方案。一场场头脑风暴,一次次创意交汇,巧妙攻克难题的方案层出不穷。

在研究施工方案中,他提出旋挖钻机预先引孔、成槽机二次精准清槽、三轴搅拌机对槽壁进行加固的多机联合作战方案。该方案在实施中突破酷暑、暴风雨、环保管控等多个不可控障碍阻挠,实现 91 天完成 95 幅地墙的施工进度,刷新了华东区域超深地连墙施工的新纪录;他从泥浆配置、泥浆循环、泥浆除砂、废浆净化再利用多个角度研究创新,最终提出除砂机除砂−压滤机净化的联合机械使用方法,加快了泥浆的循环,节约了场地,累计减少废浆排放 4.3 万立方米,为长江的生态保护贡献了央企的担当与智慧;他带领团队研发了新式牙轮钻头,辅以"子弹头"钻头、"尖刀头"钻头,参照首次应用于地质勘探领域的 BIM 模型,创造性地提出了三钻交替旋进的桩基施工工艺,有效解决长江漫滩构造裂隙岩溶地质环境下国内超高层建筑最深的钻孔灌注桩难题。据统计,他带领的"李纲劳模和工匠人才创新工作室"累计实现创新创效 3 000 万元。

从血气方刚到淬炼成钢,如今带领着团队攻坚创新,李纲逐渐明白了作为一名劳模的含义。现在,他和项目团队正在验证筏板结构悬挑方案的可行性,避开地下溶洞见缝插"桩",撑起万吨大楼。"如果成功,预计能降低工程成本 5000 万。"李纲说。

——摘自中工网

探索与思考

1. 从这个案例中总结什么是劳模精神,劳模精神具有怎样的特点。
2. 劳模精神的榜样引领作用是什么?
3. 结合实际,谈谈劳模精神对自己的影响。

【案例 3.2】

敬业、责任和技术的组合就是工匠精神

藕长洪,安徽人,80 后,现任中铁大桥局七公司试验公司经理,工作才 11 年,却已是享受国务院特殊津贴的专家,肩上还有全国"五一劳动奖章""中央企业技术能手""全国最美青工"等一系列荣誉。

藕长洪并不直接参与施工,但却天天泡在工地里,脑子里琢磨的是:混凝土配合比是否达到施工要求,钢筋粗细、强度够不够。2005 年以来,他分别在武汉青菱立交、鄂东长江公路大桥、杭瑞高速公路、恩来恩黔高速公路、宜昌至喜长江大桥、武汉青山长江公路大桥等工地试验室工作。

藕长洪把每一个工地,每一处试验室都当成了实现理想、展示作为的舞台。2005 年刚参加工作时,他每次值班浇筑混凝土,一个人除了控制混凝土质量及做试件外,还会利用空隙时间把头一天用过的混凝土试件拆下进行养护,并总是尽可能地多做、做好。

2007 年 10 月,藕长洪被调往鄂东长江公路大桥项目,要求做好交通项目试验室的组建工作。安装试验室仪器时,在工人不足的情况下,他挽起袖子上阵,一次由于着急赶时间,他被运转失控的取芯机伤到左眼角,医生说要是再偏一点点,他的眼睛就保不住了。他不顾医生留院查看的要求,打完消炎针就回去继续忙碌。

那是他首次独立负责全项目试验工作,工作压力和极为认真的个性,让他渐渐由没有时间睡觉到有时间也睡不着。在他的带领下,试验室一次性通过了湖北省交通厅质监局的验收。在 2009 年湖北省重点工程试验检测专项检查中,他负责的试验室取得了全省第一的好成绩。在每个项目上,藕长洪都对施工过程中所使用的原材料、半成品严格按照规范进行取样试验,对检测出的不合格品,坚决予以清退和返工,以确保施工质量。在最终的工程验收中,藕长洪负责的所有的混凝土结构及路基工程全部合格,很多工程还达到优良标准。

与此同时,在确保业主工程质量的前提下,藕长洪也尽可能地节能创效。在湖北鄂东长江大桥建设中,藕长洪认真考察原材料,认真研究,反复试配,并优化混凝土配合比,在项目全线混凝土质量评比中名列前茅。他试配的混凝土不仅质量稳定性较好,还为项目节约成本约 180 余万元。

在宜昌庙嘴长江大桥项目中,他根据设计要求,反复试配,特别是对于那些大体积的混

凝土,既考虑施工质量降低混凝土水化热,又考虑配合比的经济性,最后从近 20 组配合比试配中选出最优配合比。经过施工后检测,该优化配合比既保证了施工质量,又节约成本 100 余万元。

藕长洪是公司第一个取得交通部试验检测工程师证书的人,也因此激发了其他年轻试验检测人员的自主学习热情。2012 年,他动员公司 22 个试验人员参加了检测员的考试。如今,藕长洪的"徒弟"已遍布各个工地。

汗水融入混凝土,青春建功大桥梦。藕长洪在追梦的路途上,一步一个脚印,一点一滴积累,用心编织着色彩斑斓的大桥梦。对于工匠精神,藕长洪认为,"它包含了敬业、责任和技术,这三者的组合,就是完美的工匠精神。"

——摘自国际在线网

探索与思考

1.工匠等同于工人吗?工匠是简单的工作者吗?

2.根据案例,说说从藕长洪身上学到了什么?

3.结合自己的专业,思考所学专业两个最值得传承的地方,并说说自己以后如何为之努力。

情境单元二　讨论

【活动一】

讲述劳模故事　颂扬劳模精神

请根据拓展阅读的相关材料,以班级为单位,举办一场"劳模故事会",讲述他们的故事,感受并颂扬他们所传递的劳模精神,并填写活动过程记录表(表 3.1)。可以是单个故事,也可以是串讲故事。

表 3.1　活动过程记录表

参与形式:

续表3.1

准备要点及完成情况：
心得体会：

表 3.2 "讲述劳模故事 颂扬劳模精神"活动评价表

评价标准	评价细则	分值	分数小计	教师评价
故事选择	故事真实、典型	20		
	体现感悟	10		
	体现时代精神	10		
语言表达	语速适中、表达流畅	10		
	吐字清晰、富有感情	15		
声动形象	举止得体	10		
	辅助手段	10		
综合表现	富有感染力	15		

【活动二】

弘扬工匠精神，追求卓越人生

作为新时代的一名大学生，围绕大国工匠或者你喜欢的匠心活动，结合自己的专业，写一篇主题作文，讲述匠人奋斗故事，感受匠心力量，传承匠人精神。

扩展阅读

奉献与创新：袁隆平的科学精神

历史像一台幻灯机，幕布上不断放映着那些造福人类的善人和天才的殉道者的成就。我们有幸在我们的时代见证了一位光荣的荆棘路上的行者——袁隆平，更加幸运的是我们能同时见证这位行者的圆满。

袁隆平用自己的一生追求打下了袁隆平精神时代意蕴的注脚。当我们回顾他的一点一滴、一时一事时，发现最好的定义是科学精神——新时代背景下的科学精神，这种精神内蕴了创新、奋斗、协作与操守。

勇于批判的创新精神

袁隆平如果因循守旧、盲从权威，也许会成为一名很好的中专教师，但永远成不了伟大的科学家，更遑论解决中国的粮食问题。于此，袁隆平先生有自己的见解："要是说杂交水稻的成功有什么秘诀的话，那就是不囿于现存结论的创新思维。"正是在这样的创新思维的指引下，才有了袁隆平一步一步培育出杂交水稻的成功。1945年到1964年，近30年的时间内，苏联的李森科和泼莱热的用以否定孟德尔—摩尔根学派的遗传学新概念在整个社会主义阵营占据强势地位，真正的遗传学研究受到批判，但袁隆平的特点是尽信书不如无书，他通过对李森科"无性杂交"理论的具体实践发现其学说的致命漏洞，冒着被批判的危险坚持在孟德尔分离理论指导下进行杂交水稻研究，从而奠定了杂交水稻培育的正确基调。随后面对"水稻是自花授粉作物，没有杂种优势"的国际普遍论调，袁隆平反其道而行之，在发现"雄性不育株"之后独辟蹊径地提出了用"不育系""保持系"和"恢复系"配套培育体系。正是在"三系法"的独创理论框架下，杂交水稻才缓缓揭开其神秘的面纱。科学道路从来就是不平坦的，在杂交水稻的后续研究中，不育率低、制种产量低、杂交种子成本太高等问题接踵而至，袁隆平坚持以基本科学原理为基础，不断发挥自己的主观能动性，通过将"野败"培育成"不育系"，通过设计父本与母本分垄间种的栽培模式，将问题一一解决。袁隆平的经历告诉我们，唯有独立思考、大胆创新、坚持实践出真知，才有可能跨进科学的殿堂。每一位科学工作者都应该以袁隆平为榜样，敢于质疑权威，勇于在艰苦环境下挑战权威，将祖国的科研经费用在刀刃上。

持续不懈的奋斗精神

从1961年开始产生研究杂交水稻的想法到1976年杂交水稻在全国推广，历时15年，在这段时间里，袁隆平承受了李森科主义的学术打压，但是通过实践坚持了孟德尔的遗传学说；由于安江农校简陋的学术条件，袁隆平自费远赴北京，虚心求教，并坚持阅读晦涩的英文原著《遗传学研究》；为了寻找雄性不育株，袁隆平和夫人邓哲顶着7月的骄阳，在田间寻找了3年，而找到雄性不育株的那次更是连续寻找了16天。

在研究杂交水稻的初始阶段，不仅没有国际上的学术交流，国内的资源共享也非常有限，袁隆平能依靠的只有实践与对英文原著的借鉴。而杂交水稻的研究因为农作物的季节性，注定了其长期性和艰苦性，袁隆平数十年的坚持，无数次的在失败面前起身，无数次提出新观点,论证,失败,再论证,再失败……一次次枯燥的循环并没有摧垮袁隆平的信心,反而使他更加坚定了前进的方向。

而袁隆平的奋斗精神更加弥足珍贵的地方表现在杂交水稻成功培育以后。1979年名声大振的袁隆平面对高产早稻新组合"威优49"的一片溢美之词自揭其短,指出这个品种还存在抗性较差、生育期较长的缺点,随后又一如既往地投身田间,全身心投入改进工作中。"三系法"取得成功以后,袁隆平敏锐地察觉到未来的杂交水稻发展必须要走向更加稳定和高效的"两系"甚至"一系",于是他提出全新的"袁隆平思路"。有好心人说:"作为著名科学家,万一搞砸了,岂不坏了名声?"袁隆平说:"搞科研如同跳高,跳过了一个高度,又有新的高度在等你。要是不跳,早晚要落在后头,即使跳不过,也可为后人积累经验,个人的荣辱又算得了什么!"铿锵有力的话语不仅是袁隆平的一生写照,也是社会主义荣辱观的核心价值体现,在国家和人民利益面前,个人的荣辱不值一提,这是我国科学工作者所应恪守的原则。

精诚团结的协作精神

即使在最困难的时候,袁隆平也并不是单枪匹马搞研究,他身边始终围绕着一群有着同样愿景、怀有相同志向的亲人、学生以及朋友,正是这种协作精神,才使得杂交水稻在农学水平并不高的中国出现,在经费不充足、科研条件不完备的袁隆平团队出现。

李必湖和尹华奇是袁隆平最早的搭档,作为袁隆平的学生,这两个徒弟起初对杂交水稻的认识并不深刻,但是凭着吃苦耐劳的作风很快融入到袁隆平的研究中。袁隆平对这两个门外汉也没有嫌弃,而是倾自己所学迅速将他们带入门,将自己的资料和观点毫无保留地与他们共享,袁隆平的协作精神也收到了良好的回报。1970年袁隆平赴北京查找资料,留守海南岛的李必湖和尹华奇令人惊喜地找到了培养"三系"的关键——"雄性不育野生稻",("野败")作为给袁隆平的最好礼物。

在"野败"找到以后,另一个重要人物加入了袁隆平团队,这就是为"两系法"立下汗马功劳的罗孝和。团队默契在科研上也得到了回馈,在得到袁隆平提供的"野败"后,罗孝和协助袁隆平解决了杂交水稻中诸如优势原理、不育系选育、优势组合选配等疑难问题,并且在1981年作为籼型杂交水稻的主要研究人与袁隆平一起领取了国家特等发明奖,又在2001年以第一功臣的身份摘取国家科技进步一等奖。

罗孝和在古稀之年回首一生时感慨:"没有袁隆平老师的指导就没有我的今天。"而袁隆平的回应是:"罗孝和是杂交水稻事业的功臣,三系法的主将,两系法的元勋。"袁隆平的协作精神无疑给我们提供了一种新的思路。如果在协作的道路上走到最后,肯定会双赢。

大公无私的奉献精神

最开始展现袁隆平过人胸襟的是其对待"野败"的态度,"野败"是三系法的突破口,是将这一最新实验材料封闭起来,还是让更多的科研人员一起协作攻关,袁隆平毫不犹豫地选择了后者。在海南基地袁隆平毫无保留地向全国各地的科技人员报告了"野败"的发现,并且无私地将"野败"提供给大家。白天在田垄间操作,晚上向大家授课,就这样,全国的科研人员被迅速带入了杂交水稻研究的最前沿。由此培养了一大批罗孝和般的杂交水稻专家。罗孝和曾回忆:"袁先生在科研事业中,没有门户之见,我便是他五湖四海的受益者。"

袁隆平曾在湖南农业大学、中南大学、东北农业大学等5校担任导师,所培养的学生大多数被他推荐到国外留学。而他指导的第一个博士后则是一名印度学者。有人问:"你培养的人才都飞走了,心血不是白费了么?"袁隆平这么回答:"优秀人才的成长需要广阔的自由天地,都窝在我手下,怎么能超过我呢?"

海阔凭鱼跃,天高任鸟飞。正是因为袁隆平有这样宽广的胸怀,我国杂交水稻事业才得以迅猛发展,人才层出不穷。科学的发展,乃至于整个国家的发展,都需要带头者有这样的胸襟与气魄,方能创造长江后浪推前浪的盛况。

赤胆忠心的爱国精神

从事杂交水稻研究40年来,袁隆平始终站在杂交水稻研究的最前沿,引领着杂交水稻的新走向,成为后来者学习和推崇的楷模,堪称科技史上的一个奇迹。那么推动袁隆平在科技前沿不断奋斗、不断进步的原动力究竟是什么?袁隆平有自己的回答:"成绩和荣誉归功于祖国,祖国的利益高于一切。"

杂交水稻产于中国,有偶然性,也有其必然性,中国是人口大国,中国的粮食问题如果得不到解决,后果将十分严重。作为一个心忧祖国的学者,袁隆平深刻地理解粮食问题对于中国的重要性,他毅然投身这个最关键的问题,在枯燥乏味的田垄中一埋头就是几十年。袁隆平从青春到古稀,这几十年里中国的粮食问题得到了解决,中国将杂交水稻这一沉甸甸的宝物交给了世界,世界的粮食问题也得到了解决。他的腰背向倭了,头发花白了,中国农村的水稻却更高加沉甸甸了——这是袁隆平的40年,是一个为了祖国呕心沥血的知识分子的40年,是一个值得所有人学习的40年,是一个值得铭刻在共和国史册上的40年。

——摘自中国文明网

许振超:"当一个好工人"

他是一位普普通通的工人,只有初中文化,却靠着刻苦钻研技术,干一行、爱一行、精一行,从一名码头工人成长为"学习型、知识型、创新型"的当代产业工人的杰出代表,带领团队先后8次刷新集装箱装卸世界纪录,创造享誉全球的"振超效率"。他就是许振超。

1950年1月8日,许振超出生在一个贫穷的工人家庭。1968年,只上了一年半初中的他,成为一名普通工人。1974年,许振超进入青岛港,与码头结缘。1994年加入中国共产党。许振超犹记得入行时亲朋好友送给自己的一句话:"好好干,当一个好工人!"这成了他几十年来追求、奋斗的目标。

1984年,青岛港组建集装箱公司,许振超被选为第一批桥吊司机。第一次接触这种高技术含量设备,面对二三百页的手册、密密麻麻的外文,许振超感到了压力。他买了一本英汉词典,挨个查询单词,把单词抄在本子上随身携带,有空就反复背、反复练,很快成了业务骨干。

正当许振超准备大干一番时,却发生了一件让他刻骨铭心的事。1990年,一台桥吊的控制系统出现故障,请外国工程师维修,高达4.3万元人民币的维修费让许振超震惊了。当许振超试着向外国专家请教时,人家却耸耸肩,不屑一顾。许振超被深深刺痛了,他发誓:"一定要争口气,学会自己修桥吊。"为了攻克这门技术,许振超着魔似地钻研。一块书本大的控制系统模板,一面是密密麻麻上千个电子元件,另一面是弯弯曲曲的印刷电路,为了分辨细如发丝、若隐若现的线路,许振超用玻璃专门制作了一个简易支架,将模板放在玻璃上,下面安上100瓦的灯泡,通过强光使模板上隐身的线路显现出来,再一笔一笔绘制成图。许振超前前后后用了整整4年时间,一共倒推了不同型号的12块电路模板,绘制的电路图纸有两尺多厚。凭着这股劲儿,他逐步掌握了各类桥吊技术参数和设备性能,不仅能排除一般的机械故障,还能修复精密部件。这套模板图纸后来成为桥吊司机的技术手册,成了青岛港集装箱桥吊排障、提效的"利器"。

许振超不仅自己练就了"一钩准""一钩净""无声响操作"等基本功,还带出了"王啸飞燕""显新穿针""刘洋神绳"等一大批工人品牌。他经常语重心长地对大家说:"咱码头工人要把脊梁挺起来做人,要在岗位上站得住。""许振超大师工作室"获得人力资源和社会保障部批准之后,许振超对打造工匠精神更加关注,他带领团队围绕码头安全生产需求,开展科技攻关,推进互联网战略,持续破解安全生产难题。完成了"集装箱岸边智能操作系统",在世界上率先实现"桥板头无人",解决了集装箱桥板头作业人机交叉的风险问题。他带领团队打造的"48小时泊位预报、24小时确报"服务品牌,每年为船公司节约燃油1.26万吨,成为青岛港的又一金字招牌。

许振超说:"我靠的就是永不满足的拼劲和学习上不服输的韧劲,只有这样,才能把自己锤炼成'能工巧匠'。"从业几十年,许振超始终践行着执着专注、精益求精、一丝不苟、追求卓越的工匠精神,在平凡的岗位上做出不平凡的业绩。他从未忘记过自己是一名工人,一定要"当一个好工人",这就是许振超对工匠精神最朴素而深刻的诠释。

——摘自党建网

锤子"敲"出的大国工匠

"我平时最喜欢听机械加工和锤子敲击的声音。"从最初的简单机械维护开始,到成为名副其实的大国工匠,中交一航局第二工程有限公司总技师管延安与钳子、锤子相伴走过25载。11月24日,2020年全国劳动模范和先进工作者表彰大会在北京隆重召开,管延安光荣上榜。

"作为一名党员,决不能在荣誉面前止步不前。我将不忘初心,砥砺前行,继续奋斗。"对于荣获全国劳动模范荣誉称号,管延安告诉记者,"我是一航建设者,要大力弘扬劳模精神、劳动精神、工匠精神,用干劲、闯劲、钻劲鼓舞更多的人,把新时代产业工人的名片擦亮。"

1995年,管延安开始接触钳工行业。从那时起,他就发现自己特别热爱这个行当。哪怕是简单的工作,他也要比别人多花费些时间,琢磨透了,便能把工作干到最好。从不懂到精通,管延安一步一个脚印,出色地完成每一项生产任务。

2013年,管延安被调往珠海牛头岛,带领钳工团队参与建设港珠澳大桥岛隧工程。长达5.6公里的外海沉管隧道,要在最深40米的海底实现厘米级精确对接,难度系数常人无法想象。尽管有着丰富的工程建设经验,但是面对港珠澳大桥所采用的大量高科技、新工艺,以及120年使用寿命的高质量要求,管延安感觉到了前所未有的压力。

"钳工团队的一项工作,是负责安装沉管的阀门螺丝。如果在陆地作业,只要拧紧螺丝就够了。但要在深海中完成两节沉管的精准对接,确保隧道不渗水不漏水,沉管接缝处的间隙必须小于1毫米。"管延安介绍说,1毫米的间隙,根本无法用肉眼判断。然而,他硬是通过一次次的拆卸和练习,经过数万次的重复磨炼,找到绝佳的"手感",练就一项高精准绝技——左右手拧螺丝均能实现误差不超过1毫米。同时,在操作中,他甚至还练就"听感",通过敲击螺丝,从金属碰撞发出的声音,判断装配是否合乎标准。

中国"深海钳工"第一人的名号,从此落在管延安的头上。"我并非生来就是技术超群的钳工,能够有这样的技术水平,靠的是不断追求。"管延安表示,平时可能很快就安装好的设备,他也要多花费点时间去反复检查,哪怕是多下点"笨功夫",也要确保质量过关。

如今,管延安奔波在大连湾海底沉管隧道建设的一线,听着机械加工和锤子敲击的声音,他倍感心安。"来到大连湾,我主要负责设备性能检测试验,松螺丝、打开设备、检修、拧螺丝,看似平常,更是对细心、耐心和恒心的考验。"管延安说。"一个螺丝都不放过"是他坚持的信念。

据了解,工程建设中,安装压载水泵、管系是一次舾装施工的关键工序,而管节里作业空间极其狭小,大型作业工具根本无法进入。面对长达180米的曲折管系,管延安与同事依然做到"安装零缝隙"。"每根水管重达600斤,最狭窄的区域宽度仅为4.4米,我与同事就靠着小推车,一步步、一点点完成拼接,并且顺利完成多次筹备试验。"管延安说。

目前,管延安作为领衔人,创立"大国工匠管延安创新工作室",带领工作室成员不断实施技术创新和业务技能提升,把成果应用于"为国建桥"实践。工作室的创新方向锁定在船机修造和跨海通道两个领域,并先后被山东省、天津市和中交集团命名。目前,工作室已经取得专利19项,团队年青成员全部成长为跨海通道和船机修造骨干。

——摘自津滨网

从"问题少年"到江苏大工匠,他如何完成人生完美逆袭?

1998年宋彪出生在安徽蚌埠的一个普通家庭,因为父母经常在外务工,不方便照顾孩子,两岁的他便被送到了爷爷奶奶身边看管。一次偶然,成绩还算不错的宋彪接触到了网络游戏,没什么控制能力的他从此沉迷于虚拟世界不可自拔,成绩自然一路下滑。无论老师从一开始的指正开导,还是后来痛心疾首的严厉批评,宋彪全部充耳不闻,失望之下老师说出了"烂泥扶不上墙"的话后放弃了这个孩子。

宋彪成了班级同学眼中的"问题差生"。中考后,时隔13年,宋彪被接回和父母一起生活。可是初中的贪玩总是要付出代价的。他的中考成绩并不理想,刚过普通高中的分数线。这时候年轻不知愁的孩子尝到了"失败"的滋味。随后其父亲与儿子进行了一场意味深长的交谈。

虽然考试失利,但父亲却没有过多苛责。相反他十分惭愧,认为这些年对儿子缺少关心与照顾,并且就现实与未来做出了探讨。他告诉儿子,自己吃够了没有知识和技术的苦,生活的压力体现在生活中的点点滴滴,小到一根葱,大到一套房。如果学不好知识,那也可以学一门技术,拿不好笔杆就拿工具,无论怎样选择,都要对自己的未来负责。

在父亲的话语中,宋彪理解了父母常年不得团圆的苦,也知道了他们为生活打拼的不易。他要重新选择自己通往成功的道路,自定义"成功"的所在。在这尴尬的中考分数下,16岁的孩子可做的选择不多。想着自己小时候便喜欢拆装家里的东西,也想要像大人一样制造出一个像样的零件。因此在高中和技校之间,他选择了自己感兴趣的后者,希望能够掌握一门手艺。而这一选择也改变了宋彪此后的人生轨迹。

2014年,16岁的宋彪收拾铺盖来到了江苏省常州技师学院,就读机械工程系模具设计与制造专业。可是刚接触新的环境与新的教学方式,文化课的时间减少,实践技术占据更多,这样的快速转变让宋彪一时间难以适应。因为实践课上手较慢,他第一学期的成绩并不理想。但这个憋着一口气的青年可不愿认输,他要走好自己选的路。

下半学期一开始宋彪便化身"问询狂魔",听不懂的专业知识一定会向他人询问清楚,因此课后的他经常"做客"老师办公室。而实操上的问题,宋彪相信只要掌握了原理,其他的就交给勤奋。于是大家经常能够看见在40多度的操作车间里,有一个男孩子整日滞留,一遍遍重复着手上的动作,无论周末还是寒暑假。宋彪再也不是那个不学无术、游手好闲的"网瘾"少年,自律成了他的代名词。

经过一学期的紧急追赶,宋彪的成绩有了明显的提升。那个不懂得操作,节奏总是慢半拍的孩子现在的实训操作得心应手,但他没有丝毫松懈。一分耕耘一分收获,宋彪的努力和勤奋均被老师看在眼里,努力与汗水能换来满满的收获与成就。

没多久,学校便开办了第一届技能比赛,在距离比赛只有小半个月的时候,老师推荐了他参赛。时间短、任务重,半个月内宋彪要学习没有接触过的新知识。紧张的赛前准备让他一刻也不敢松懈,学习和实操充斥着生活的每一分每一秒。有真正的付出就会有实在的回报,终于宋彪在比赛中以优异的成绩脱颖而出,取得了第二名的优异成绩。而他也进入校集训队,这也为之后的各种技能比赛准备好了"门票"。2016年的6月,宋彪被通知要代表学校参加当年9月第44届世界技能大赛江苏省选拔赛。有着不小的压力,宋彪感觉更有动力。

当时正是夏日炎炎的暑假,他也照常不误地在车间里拨动着烫手的机器,一天也没有休息。想要获得成功与名誉,相应地就要付出更多的努力。每天十几个小时泡在车间,机械加工调试、液压传动、设备组装……其他的时间又要用来巩固理论知识。那个暑假里,宋彪第一次接触电焊,可由于还没有完全掌握,他的脖子一不小心被电弧灼伤。老师知道后心疼不已,希望他能回家休息几天,可这个青年却始终咬牙坚持,因为他怕一旦休息,就会落后于人。

功夫不负有心人,一个月后,带伤参赛的宋彪代表学校顺利夺得江苏省技能选拔赛第一名!虽然激动欢喜,但这才是开始,他还要代表江苏省征战国家选拔赛。

而在这次的比赛中,他将要面对全国各地的顶尖高手,这才是真正的挑战。训练的疲惫不堪,比赛的压力重重都没有让他有所放弃。想制造一个零件的初心,和站在世界顶尖位置的梦想支撑着这个有志青年始终向上。在全国选拔赛中,面对全国各地的选手,宋彪取得了第三名的好成绩,顺利进入国家集训队。在别人看来已经很优秀的成绩,但是宋彪却不满意,他的目标是第一。

进入国家集训队后,他以更加严格的标准来要求自己。针对技能、心理素质、体能、障碍性等一系列魔鬼式的训练虽苦不堪言,但一想到这都是为了一个目标:冲刺世界技能大赛最高奖——阿尔伯特·维达尔奖,宋彪便兴奋不已。

阿尔伯特·维达尔奖1995年设立,直至2017年,中国人都未斩获此奖,宋彪想要代表国家成为这个第一人,更想要让世界看到中国的工匠精神,以及中国制造界的新生力。2017年10月,第44届世界技能大赛在阿联酋阿布扎比正式举行。宋彪作为中国队代表,将要和来自68个国家和地区的1 260余名顶级的参赛选手,进行一场激烈的对决。

比赛共分为5个模块,时长共计4天里的20个小时。因为前期的高密度训练,宋彪的前3天比赛顺利通过。可第4天却出现了意外,比赛的计时出现失误,却没有人通知他,宋彪进场时才被告知,他要比其他人晚半个小时开始。这也就是说他的时间从原来的3小时缩减到了2.5小时。

技能比赛的时长对于每位选手来说都是无比宝贵的,但此时心急如焚也没有用,宋彪能做的就是眼看着同期选手在加快进程,而他要努力调整好心态,沉着应对。半小时过去,宋彪动作飞快地开始操作。

尽管处于劣势,但剩下的两个多小时里宋彪依旧完美完成,779 分,他以占绝对优势的总成绩夺得金牌,这个 19 岁的青年人站在了世界技能之巅。在接连狂吼三声"中国"后,他成为民族的骄傲,他用他的行动证明他能行!中国青年能行!

满载荣誉的宋彪回到中国还受到了领导人的亲自接见:"中国青年有匠心,能始终不渝追求卓越,中国品牌走向世界就有大希望。"备受鼓舞的宋彪还被授予"江苏大工匠"称号。此后他拒绝了不少高薪工作,始终留校任教,而现在,他的学生中也有一批已经走进了国家级赛场的舞台,向国人传递,技能也一样可以为自己创造美好人生。

——摘自腾讯网

第 21 届全国青年岗位能手——大港油田采油工周洋洋:我的梦想在"油海"

"从进入石油行业的那天起,我就想着不论单位让我干什么工作,只要干就要干好了。"刚刚获得殊荣的周洋洋,面对记者的采访,看着田野中不停运转的抽油机,想到自己的工作初衷,朴实而真挚地说。

扎根基层一线 14 年的周洋洋,与石油的缘分源于为了有份旱涝保收的"正经"工作。2009 年,周洋洋大专毕业后,来到了大港油田第六采油厂,成为一名原油交接岗位上的临时工。有工作不是最终目的,干好工作才是硬道理。如何把工作干好?这是周洋洋成为石油人后思考最多的问题。他所在的孔店联合站,每天大约有 3 100 吨原油从这里经过,是贯穿油田南北的重要"交通枢纽"。

周洋洋说,原油交接计量、油品取样化验、设备设施巡检维护……每一样看似简单的工作,都是保障原油有序生产的重要一环。每天上班,他都随身携带两个小本子,一个用来记录理论知识和技能操作方法,一个用来备忘重点工作。没多久,他就积攒了厚厚一摞的笔记,上面密密麻麻写着他查资料、翻书籍思考总结的问题和向老师傅请教得来的经验。

不到 5 年时间,周洋洋总结形成了"严跟踪、勤对比、控输差、精分析、准数据"五步原油交接管理工作法,有效提升了孔店油田原油产品质量,确保外输原油产品合格率在大港油田长期保持 98%以上。个人的努力,让他在基层一线脱颖而出。采油六厂推荐他去参加职业技能竞赛,在训练场上进一步开阔视野、提升能力、练就本领。

职业技能竞赛是知识与技能的比拼,更是体力与耐力的较量。2020 年 6 月,周洋洋突破层层选拔,从 20 多名预赛选手中脱颖而出,成为代表大港油田公司参加"第二届全国油气开发专业集输工职业技能竞赛"的 3 名选手之一。备战期正值炎夏,为打起精神、集中精力开展训练,"喝下三瓶藿香正气水"成了他每天训练前的必备程序。

6 个月,周洋洋累计训练时长 2 160 个小时,做习题 1.8 万道,画图纸 1 000 余张,实操 2 000 余遍……再精一点、再快一点、再准一点!为了减少多余动作,哪怕只有微秒的时差,周洋洋也要反复练习,一遍又一遍刷新着自己的训练记录。在更换电子压力表的操作上,为攻克穿线难题,他就想了十几种方法。最后,他在工艺品串珠方法中得到启发,使原本耗时 1 分钟的操作降到了 2 至 3 秒。

付出终有回报。最终,周洋洋从全国 13 只代表队 44 名选手中脱颖而出,斩获金牌,也因此转变了身份,成为大港油田的一名正式职工。

大赛归来,周洋洋没有安享于成绩带来的荣耀,而是将所学的知识和技能付诸实践,解决一个又一个难题。孔店联合站内三相分离器水出口阀门在一年内竟发生了4起闸板脱落故障,造成原油脱水难以调整。只靠修补已经无法解决问题,而更换新闸门的费用又高。"有没有更好、更彻底的解决办法?"周洋洋思索后到现场排查,在确定故障是源于闸板、阀杆的连接和定位凸台处磨损后,他翻阅资料,通过反复实验对比找出十几种耐腐蚀材料,对闸板易磨损处进行了升级改造,同时将连接处改为平口连接,最大限度地减小闸板与阀杆的连接间隙,有效提高了闸板使用寿命。经改造后的阀门半年内未发生脱落,单此一项就节约材料费3万余元。

周洋洋不仅自己琢磨着干,还组建团队带着大伙一起干。在采油厂的支持下,他成立了技能创新团队,带领身边骨干勤学深耕,与青年员工结对子"传帮带",将专业技能与石油精神薪火相传,助力更多的青年成长成才。他聚焦企业生产经营痛点难点,立足一线生产实际创新创效,先后攻关无线数字压力表冬季使用、柱塞泵曲轴箱清理等生产难题7项,在国家级期刊发表技术论文3篇,获得国家级专利1项,累计创效500万元。

2021年,周洋洋从输油岗位转到采油岗位工作,成为了大港油田第六采油厂第二采油作业区采注一组的副组长。与输油站的"一亩三分地"不同,采油站地广、井多又极为分散,摸清每口井的"脾气秉性"成为摆在他面前的第一道难题。他延续过去的学习方法,每天拿着井位图、笔记本,背着工具穿梭在井场上,抽丝剥茧地钻研到底。短短半个月的时间,站内的100余口油水井,他已如数家珍。

记得4月的一个深夜,孔1013-1井侧驱螺杆泵皮带突然断裂,夜班工换好重启后没几个小时皮带再次断开,反复3次问题都未能得到解决。第一时间得知情况后,周洋洋连续5个小时"泡"在井场,结合动液面变化、油井压力、液量等综合数据,一遍遍查电流、听声音、摸温度,一次次观察测试电动机运行情况,逐一排除故障发生的因素,最终在电机运行频率变化中确定了"病灶",更换泵头轴承后生产恢复了正常。

为了实现基础管理水平再提升,他发动全组员工,以开发时间和生产现状为脉络,深入摸索油井生产规律,分门别类划分油井生产类型,提出了《抽油机盘根盒漏油综合治理方法研究》《关于抽油机毛辫子智能润滑装置研究与应用的建议》等4项"金点子",实施后,实现创效65万元。

从石油新兵到技能"带头人",从创新能手到团队"领路人",周洋洋扎根岗位十几年,在基层一线摸爬滚打、挥洒汗水、奉献青春,将岗位业务拓展到采油输油、安全环保、管理创新等多个领域。他总说,干工作就要往好了干,梦想实现在脚下。他做到了。周洋洋用实际行动书写了新时代石油人逐梦未来的青春答卷,唱响了"我为祖国献石油"的青春之歌!

——摘自津滨网

实践篇

第四模块 锤炼劳动技能

学习单元一 创新劳动能力培养

一、创新的内涵与分类

"创新"一词早在《南史·后妃传·上·宁世祖殷淑仪》中就曾提到过,是创立或创造新东西的意思,后引申为新思维、新发明和新描述。

随着社会的不断变化发展,"创新"一词的意义也在不断扩展和深化。创新有三层含义,即更新、改变和创造新的东西。将创新概念精细划分,有狭义和广义两个层次。狭义的创新,立足于把技术和经济结合起来,也就是说创新是一个从新思想的产生到产品设计、试制、生产、营销、市场化的一系列行动。广义的创新,不再局限于技术和经济的结合,它力求将科学、技术、教育等许多方面与经济融合,也就是说创新应该表现为不同机构,比如企业、政府、学校、科研等,交互作用形成网络,在这个大网络空间中,人们去改进或创造新的事物、方法、元素、路径、环境等,并获得一定有益效果的行为活动。

创新类型理论是由世界四大会计师事务所之一的德勤会计师事务所旗下的一家专门从事创新咨询的机构——德布林(Doblin)公司研究总结出来的。该公司发现成功的创新行为基本都是由三个大类的十种创新类型组成。

(一)配置

第一大类创新:配置,关注的是企业最核心的运营和业务系统,具体包括四个子类型:盈利模式创新、网络创新、结构创新、流程创新,这些都是产品运作营销方面的创新。

1. 盈利模式创新

盈利模式又叫商业模式,是营销学概念,指找到一种将企业的产品、服务和其他价值转化为利润的全新的方法。出色的盈利模式往往反映了企业对用户真正需求的深层次理解与把握。比较创新的盈利模式,是对行业内已有的产品体系、定价策略以及收益模式的一种挑战。

2. 网络创新

在当今高度互联的时代,没有一家企业能够独立来做所有的事情。网络创新中的"网络"一词并不是指平时用的互联网之类的概念,而是指企业在发挥自身优势的同时可以借助其他企业的能力和资产,在彼此间形成的关系网络。网络创新的方法很多,企业不仅可以设置奖励或采用众包的形式实现网络创新,还可以建立特许经营权,将专有的公司思想、能力和内容特许授予合作伙伴。

3. 结构创新

结构创新是指打乱原有结构去重塑，或采用特有的方式去组织企业的资产、人才等来创造新价值。结构创新可以是针对人才进行管理系统创新，也可以是对设备进行独创的配置等，还可以通过结构创新来改善企业的部门职能，比如对人力资源部、研发部和IT部进行结构上的改善。

4. 流程创新

流程创新即如何采用独特或卓越的方法运营企业。流程创新不同于结构创新，结构创新重点突出的是企业生产经营涉及的职能部门；流程创新重点突出的主要是生产经营涉及的顺序、方法。流程创新的经典创新法是化繁为简，采用"精益生产"系统来减少企业运营的浪费以降低成本。

（二）产品

产品创新是第二大类的创新，即为有关企业所提供的核心产品或服务方面的创新，具体包括产品性能创新、产品系统创新两个子项目。

1. 产品性能创新

产品性能创新可以理解为关注产品自身性能品质的改善和提升，这是最容易被竞争对手复制的创新类型。因为人们在创新时一般只关注产品或者服务本身，认为创新就是做出最好的产品。

2. 产品系统创新

产品系统创新在于不拘泥于售卖单一产品，而是思考如何将产品与其相关的服务联系起来，形成强大可扩展的整体系统，以增强产品的竞争力。产品系统创新通过互通、模块、整合和其他方式将原本明显不同的产品与服务联合在一起，有效地帮助企业建立起拴住客户并抵御竞争的生态系统。产品系统创新中最常见的是产品捆绑，简单来说，比如去超市购物时经常会遇到的捆绑销售，再如买衣服赠干洗服务等，这些都是产品系统创新。

（三）体验

体验是创新十型中第三大类的创新，是企业业务系统中面向客户的元素，属于客户"体验"类的创新，具体包括四个子类型：服务创新、渠道创新、品牌创新和客户交互创新。

1. 服务创新

服务是用户体验中最突出和最显著的部分，客户虽然无法看到，但却能切身感受到。服务创新能够确保并提升产品的效用、性能和表现价值，使得产品的试用、使用和享受更加便捷。它们展示出客户可能忽视的产品特点和功能，解决客户在使用过程中所遇到的问题和难题，其包含着围绕核心产品所提供的额外支持和增强功能。

最为常见的服务创新包括：产品维护计划、客户支持、信息和教育、提供担保和质量保证等创新。尽管现在的服务大多是以人工服务为主，但也有越来越多的服务是通过电子界面、远程沟通、自动化等无人方式将产品理念及售后传递给客户。

2. 渠道创新

尽管互联网时代的电子商务现已成为主导力量，但传统门店销售渠道因其能够给顾客带来身临其境的体验仍然非常重要。经验丰富的创业者往往能够采用多种互补的方式来为客户提供产品和服务。渠道创新的目标是确保用户能够在任何期望的时间，以任何想要的方式买到自己的所需，同时享受最大的便利、最低的成本和最大的愉悦。比如，电子化的渠道或现在比较流行的直销能够减少企业日常管理费用，实现销售利润和成本优势的最大化。

3. **品牌创新**

品牌创新有助于确保客户和用户记住自己的产品和服务，它要求企业以不同的方式去设计和表达自己的品牌价值。品牌创新一般源自企业的精心策划，包括与客户的沟通、打广告、沟通渠道等。当然品牌代表着良好的信誉，经营品牌可以把运营风险降到最低。

4. **客户交互创新**

客户交互创新在于了解客户和用户的深层次需求后，利用这些需求，发展顾客与企业之间的关系。比如，主动帮助顾客包装商品可以提升用户的购物体验。

二、劳动与创新的关系

劳动是实现创新的基本条件，劳动激发创新。创新一直是引领社会发展的第一动力，古往今来，勤劳的人们在日常劳动中不断深化认知与实践，无论是田间地头随处可见的耕犁、水车，还是新时代被津津乐道的高铁、网购，都是人们在生产、生活中面对困难时，通过劳动解决问题、实现创新与创业的鲜活体现。

劳动与创新的关系主要体现为：

1. **劳动是创新的主要资源和核心动力**

劳动作为人类生存和发展的基础，是生产物质资料的过程。在工业经济时代，资源的有限性与经济社会发展需求的无限性之间一直存在日益尖锐的矛盾，解决这一矛盾的唯一选择就是劳动创新，特别是科技劳动创新。劳动创新可以通过知识实现以富有资源替代短缺资源、以可再生资源替代非可再生资源，逐步实现物质资源和能源的节约化和循环化。

2. **劳动是创新成果价值追求和财富分配的依据**

知识经济时代，人们对社会价值的追求主要体现在知识上，知识的占有和创新是关键。"按劳分配"的"劳"，不再是非知识性劳动和重复劳动的贡献，而是包括知识创新在内的知识性劳动的贡献；"按要素分配"的"要素"，也不再是资本和物质要素，而是包括科技、文化等在内的知识要素。

3. **劳动是创新人才成长和发展的依托**

无论是农业经济、工业经济，还是知识经济的发展，都离不开人力资本和创新人才。作为知识经济主导的智力和高新科技产业，必须依靠创新人才，特别是实践创新人才。现在经过劳动实践成长起来的创新人才已成为各个国家、各个企业竞争的焦点。

三、创新劳动能力培养

在这个日新月异的时代，创新已成为推动社会进步和经济发展的核心动力。面对快速变化的市场需求和未来职业挑战，高职院校作为培养高技能人才的重要基地，肩负着培养学生创新劳动能力的重任。

创新劳动能力是指学生在熟练掌握传统劳动技能的基础上，能够灵活运用新知识、新技术解决实际问题，并在劳动过程中展现创意思维、自主学习和持续改进的能力。以下将从树立创新教育理念、构建跨学科课程体系、强化实践与体验教学、培养自主学习能力以及营造创新文化氛围五个方面，详细阐述培养创新劳动能力的具体策略和实施路径。

1. 树立创新教育理念

首先，我们需从根本上转变教育观念，将创新教育贯穿于劳动课程的全过程。这要求教师不仅要传授具体的劳动技能，更要激发学生的创新意识，鼓励学生敢于质疑、勇于探索。通过案例分析、小组讨论等互动式教学方法，引导学生理解创新的重要性，并培养他们在遇到问题时能够主动寻求多种解决方案的思维方式。

教育目标：以创新教育作为劳动课程的核心目标，传授具体劳动技能的同时，激发学生的创新意识，培养其勇于探索的精神。

实施策略：采用案例分析、小组讨论等互动式教学方法，引导学生理解创新的重要性。鼓励学生质疑现有做法，寻求多种解决方案，培养其发散性思维。

2. 构建跨学科课程体系

创新往往源自不同领域知识的交叉融合。因此，构建跨学科的课程体系是培养创新劳动能力的关键。劳动课程应与其他专业课程如机械设计、信息技术、管理学等紧密结合，通过项目式学习、跨学科竞赛等形式，让学生在解决复杂问题的过程中，学会如何整合不同领域的知识和技能，从而培养出具有宽广视野和强大综合应用能力的复合型人才。

教育目标：通过跨学科的课程体系，培养学生的宽广视野和综合应用能力，使其能够整合不同领域的知识和技能，以解决复杂问题。

实施策略：结合机械设计、信息技术、管理学等专业课程，设置跨学科项目式学习任务。组织跨学科竞赛，鼓励学生跨年级、跨专业合作，共同探索创新解决方案。

3. 强化实践与体验教学

实践是检验真理的唯一标准，也是培养创新劳动能力的有效途径。高职院校应充分利用校内外实训基地、校企合作项目等资源，为学生提供更多动手操作的机会。通过模拟真实工作场景、参与企业技术创新项目等方式，让学生在实践中发现问题、分析问题、解决问题，亲身体验创新的全过程。同时，鼓励学生参与社会服务活动，将所学知识应用于解决社会问题，增强其社会责任感和创新能力。

教育目标：通过实践体验，使学生能够在真实或模拟的工作场景中发现问题、分析问题、解决问题，从而增强其创新劳动能力。

实施策略：利用校内外实训基地和校企合作项目，为学生提供丰富的实践机会。鼓励学生参与社会服务活动，将所学知识应用于解决实际问题。

4. 培养自主学习能力

在知识爆炸的时代，自主学习能力是创新劳动能力的重要组成部分。教师应指导学生掌握有效的学习方法和信息获取技巧，鼓励他们利用网络资源、在线课程、专业文献等多种途径实现自我提升。通过设置开放性问题、布置探究性学习任务，激发学生的好奇心和求知欲，培养其独立思考和终身学习的习惯。

教育目标：培养学生的自主学习能力，使其能够主动探索新知识、新技术，并持续提升自我。

实施策略:指导学生掌握有效的学习方法和信息获取技巧。设置开放性问题、布置探究性学习任务,激发学生的好奇心和求知欲。

5. 营造创新文化氛围

良好的校园文化环境对培养学生的创新劳动能力具有潜移默化的影响。高职院校应积极举办创新论坛、技能大赛、创业讲座等活动,搭建展示交流平台,表彰创新成果,营造鼓励创新、宽容失败的良好氛围。同时,建立师生创新团队,鼓励跨年级、跨专业的学生合作,共同探索未知领域,激发集体智慧和团队协作精神。

教育目标:通过营造良好的校园文化环境,潜移默化地影响学生的创新思维,提高学生的创新能力。

实施策略:举办创新论坛、技能大赛、创业讲座等活动,搭建展示交流平台。建立师生创新团队,鼓励跨年级、跨专业的学生合作,共同探索未知领域。

总之,培养创新劳动能力是一个系统工程,需要从教育理念、课程设置、实践教学、自主学习能力培养以及校园文化建设等多个维度同时发力,为高职学生搭建起一个全面、立体、开放的创新教育体系,使他们能够在未来的职业生涯中持续创造价值,成为推动社会进步的重要力量。

学习单元二　生产生活劳动

大学生劳动实践所涉及内容多样,总体来说包含生产和生活两方面,具体可分为家庭劳动实践、学校劳动实践、家校合作劳动实践等生活劳动形式;以及社会劳动实践、学社合作劳动实践、家社合作劳动实践等生产劳动形式,它们作为大学生劳动实践内容的重要板块,共同构成了大学生劳动实践体系。大学生劳动实践教育是一项系统工程,学校劳动实践、家庭劳动实践与社会劳动实践在整个大学生劳动实践教育体系中各自扮演着不同的角色,对大学生劳动素养的养成发挥了巨大作用。

一、生活劳动实践

(一)大学生家庭劳动实践

1. 大学生家庭劳动实践的内涵

大学生家庭劳动实践属于劳动教育的范畴,相比其他劳动教育具有更深刻的教育内涵和教育意义。所谓的家庭劳动实践,是指大学生在家庭环境中,在其父母或者其他监护人的指导下自觉、能动、有意识地从事力所能及的劳动实践活动。家长或其他监护人通过家庭劳动实践帮助大学生树立积极正确的劳动观念和劳动意识,形成良好的劳动习惯,使大学生成为具有必备劳动技能,具有独立生存能力,具有社会责任感的人。家庭劳动教育从本质上来说是一种教育活动的过程,是大学生通过家庭劳动实践促进自身发展的具体过程,它既可以被理解为大学生劳动教育的实施与开展依赖具体的家庭环境进行,又可以被诠释为家长给予大学生劳动教育思想意识上的正确指导,并通过具体的劳动实践开展教育的过程。家庭劳动实践是大学生劳动实践体系的基础,良好的家庭劳动实践的实施有益于学校劳动实践和社会劳动实践的开展,是大学生健康成长与全面发展的过程中不可或缺的重要劳动实践模块。

2. 大学生家庭劳动实践的特点

(1) 生活化。

大学生家庭劳动的实践环境是日常的生活环境,劳动场所是所在家庭,劳动内容与生活紧密相连,这些特征决定了大学生劳动实践具备生活化的特点。在家庭中不论是偏向生活日常的洗衣、做饭、打扫房间,还是偏向生活技能的缝补、修剪花木等,对大学生来说都是实实在在的生活体验,大学生在具体的劳动实践中磨炼和成长,在劳动实践的过程中体悟幸福生活与个人发展之间的关系。大学生家庭劳动实践的生活化特点决定了实践本身来源于日常生活。紧贴日常生活的劳动场景,息息相关的生活劳动内容,使大学生从生活中的细小劳动入手,迅速进入家庭劳动实践状态,磨砺劳动实践技能,获得劳动实践体验,提升劳动实践效果。

(2) 灵活化。

大学生家庭劳动实践与学校劳动实践和社会劳动实践相比,最突出的特点就是高度灵活化。这种灵活化主要体现在三个方面。第一,实践时间的灵活化。不同于学校劳动实践和社会劳动实践在时间安排方面的步调一致与整齐划一,家庭劳动实践时间更为灵活,不论是一日三餐的安排,还是生活起居的准备,大学生家庭劳动实践总是可以依据家庭作息而开展。第二,实践地点的灵活化。学校和社会劳动实践一般都有较为固定的地点(如校内的某一场所或校外的某一具体地点),而家庭劳动实践是随着家庭生活的发生而展开的,因此劳动实践的地点几乎涵盖了家庭生活场景的方方面面,使其劳动地点更具灵活化。第三,实践方案的灵活化。学校劳动实践一般都会考虑学生和教育教学实际情况来制定详细周密的劳动实践方案,社会劳动实践由于需要考虑匹配社会运行与相关实践企业实际情况,所以也会有相对固定的实践方案。但家庭劳动实践由于涉及的环境相对简单,涉及人员相对单一,因此可以制定更加灵活的实践方案。

(3) 常态化。

家庭劳动实践教育从本质上来说是一种生存教育、一种生活技能教育,更是一种生命责任教育,它与大学生的健全发展与成长成才紧密相连,具有常态化的特点。具体来说,这种常态化一方面体现在劳动内容的常态化上,由于家庭生活中生活起居、洗衣做饭、整理打扫等劳动实践每时每刻都在发生,大学生浸润在家庭生活中不断主动或是被动地参与这些劳动实践;另一方面体现在劳动环境的常态化上,诸如起居室、客厅、厨房、储物间、餐厅、花园、车库等家庭生活场景,都是大学生劳动实践的具体环境,因此大学生会在常态化的家庭劳动实践环境中形成由不自觉到自觉,由自觉到自然的劳动行为习惯与劳动心理品质。父母或者监护人也应常态化地为大学生创造适宜的家庭劳动实践条件,安排大学生力所能及地进行自我服务劳动、家务劳动和简单的家庭生产劳动,并对活动的过程与结果进行及时反馈。

3. 大学生家庭劳动实践的内容

大学生家庭劳动实践是实现素质教育的重要途径,是实现大学生全面发展的重要载体。对大学生而言,家庭劳动实践有助于加强他们的劳动观念,提高他们的劳动技能,锻炼他们的动手能力，培养他们的劳动情感，使大学生真正懂得劳动实践以及劳动实践教育在现实生活中的重要性，形成正确的劳动价值观。由于家庭劳动实践可以随时随地方便快捷地开展，受时间空间条件的干扰和限制并不明显，因此家庭劳动实践的内容十分广泛。其大体上分为两种类型，第一种为日常生活类劳动，包含日常生活的方方面面，如洗衣、买菜、做饭、整理物品、打扫房间等。第二种为生活技能类劳动，这种类型的劳动由于需要具备一定的专业性，因此对大学生来说有一定的难度，如园艺、烹饪、木工、缝纫、管工、农业栽培与种植等。

4. 大学生家庭劳动实践的意义

家庭劳动实践作为劳动教育的重要组成部分包含了丰富的教育内容，对大学生全面发展与成长成才有着极其重要的意义和作用。苏联著名教育理论家马卡连柯认为："家庭劳动教育为孩子拥有步入社会所需要的各种劳动能力做了充分的准备，家庭劳动教育不仅可以促进人的健康发展，培养人的工作能力，且还能形成人与人之间的和谐关系，这种和谐的关系是生产与和谐的劳动，我们应该提倡创造性的劳动，在家庭里获得了劳动教育的儿童，在今后的职业生涯中，也能够顺利地完成自己的专门教育，凡是自己家庭中未能接受任何劳动经验的儿童，无论国家花费多大的精力去培养教育他，也不会获得较好的熟练技术，常常在工作中会遭受到各种各样的失败，成为不合格的工作者。"总体来说，家庭劳动实践的意义主要体现在以下两个方面。

一方面，家庭劳动实践有利于促进大学生良好的思想和道德品质的形成。实践证明，人类许多优秀的道德品质是在长期的劳动实践中逐渐形成的，只有通过具体的劳动实践才能从真正意义上培养大学生热爱劳动实践、体恤劳动人民、尊重劳动过程、珍惜劳动成果、养成勤俭节约和艰苦朴素的良好作风。家庭劳动实践能够锻炼大学生吃苦耐劳、克服困难的坚强意志，培养大学生良好的社会适应能力，促进大学生身心健康与全面发展。同时，常态化的家庭劳动实践也会潜移默化地培养大学生勤快主动的工作态度，培养大学生自立、自主、自强的独立生活能力，最终使大学生形成良好的思想道德品质与对集体、对国家的义务感和责任感。

另一方面，家庭劳动实践能够帮助大学生学会发现生活的乐趣，增强真实生活体验，形成健全的人格。家庭劳动实践在家庭生活的日常场景中培养大学生利用自己的双手创造干净整洁的生活学习环境的意识与能力，养成大学生尊重劳动、热爱劳动与崇尚劳动的情感态度，使他们在身体力行的劳动实践中明白劳动是创造美好生活的基础与源泉。大学生主动承担某些具体的家务劳动，体验亲自动手操作所带来的劳动快感、实践乐趣以及所产生的劳动实践成果，可以获得极大的满足感与成就感，从而真正感受到劳动生活的快乐，并在此过程中逐步形成健全的人格。

(二) 大学生学校劳动实践

1. 大学生学校劳动实践的内涵

学校劳动实践既不同于常规性的家庭劳动实践，也不同于一般性的社会劳动实践，其作为学校教育教学中的重要内容与核心工作，有着独特的规定和要求。所谓学校劳动实践是指在学校教育教学过程中，对学生施加指向性的教育影响并辅之以思想品德教育和专业知识教育，开展促进学生健康全面发展的劳动实践活动。学校劳动教育应激发学生参加学校劳动实践活动的积极性与热情,促使学生在学校环境中,通过具体的生产实践劳动,把握专业知识的思路,形成良好的道德品质。也就是说,大学生劳动实践教育与培养有专业知识、专业技能的社会主义新人的目标是相联系的,有着明确的教育性、目的性与指向性,而并非一般传统意义上的单纯的劳动生产课程。

2. 大学生学校劳动实践的特点

(1) 品牌化。

学校劳动实践品牌化是指学校对其自身的劳动实践的活动名称、活动内容、组织形式、开展模式、标识符号等核心要素进行品牌化设计,以推动学校劳动实践品牌的形成、发展与壮大。在树立良好的学校劳动实践形象的同时,也便于学生对劳动实践进行识别、辨认与选择。

(2) 专业化。

学校劳动实践专业化是指学校依据"按需设项,据项组团,双向受益"的原则,依托自身技术强项与学科优势设置操作性好、相关度高与专业性强的各种各样专业化的学校劳动实践项目。高校是专业知识的产生源泉,是先进技术的研究基地,是进步生产力的重要来源,学校劳动实践依托高校自身科学技术研发与应用的优势,在劳动实践中可以最大限度地利用好专业化的优势。

(3) 制度化。

制度化是指学校以规章制度的形式规定学校劳动实践的主体,明确主体的责任,建立劳动实践评价与督导机制,明确劳动实践教育评价结果的使用范围等一系列的制度建构。以规章制度的形式规定学校劳动实践,界定劳动实践的权利与相应的义务,可以最大限度地促进学校劳动实践资源的"有效配置"。长期不间断的劳动实践制度化建设能够形成重视劳动实践的文化,使其成为学校各层次主体的自觉意识。目前,国内不少高校已经将劳动实践工作纳入学校整体教学计划中并给予必修学分,在制度上为劳动实践工作的圆满落实给予了必要保证。

3. 大学生学校劳动实践的内容

目前学校劳动实践内容呈现出多元化的趋势,高校主要通过日常生活、专业实践、公益活动、志愿服务、勤工助学、自我服务等形式开展内容丰富的学校劳动实践活动。让大学生参与无酬或有酬的学校劳动实践活动,能使大学生在劳动实践中获得专业技能与实践技巧,培养校园集体生活的劳动责任感、爱校荣校的情感与学习生活的纪律意识,让大学生做好校园生活与未来社会生活的全面准备。总体来看,大学生学校劳动实践内容有四种类型:一是劳务型劳动实践,即参加打扫宿舍与实验室、清理校园、搬运和安装仪器设备、校园会议助理等;二是智能型劳动实践,即利用课余时间,运用自身所学知识与特长进行技术开发、工程设计等劳动;三是服务型劳动实践,即大学生利用课余时间担任教师助理、实验助理、心理咨询中心助理,从事一些面向校园学习与生活的服务实践活动;四是管理型劳动实践,即大学生利用课余时间参加学校的一些管理工作,如应聘担任学生宿舍楼的副楼长、学生食堂副管理员、图书馆文献管理员等管理职务进行劳动实践。学校劳动实践活动培养了大学生自立自强的态度与热爱劳动人民并尊重劳动成果的情感,强化了大学生在校园生活中"我为人人,人人为我"的全员参与劳动实践的意识。

4. 大学生学校劳动实践的意义

学校劳动实践使大学生获得正确的劳动观念、劳动习惯、劳动情感、劳动精神,使其了解和懂得生产技术知识,掌握专业劳动操作技能。学校劳动实践作为大学生思想政治教育的有效载体和承担社会服务职能的结合点,要特别重视培育大学生新时代的劳动情怀,持续不断地通过劳动教育在广大青年学生中强化学校劳动实践的重大意义,使大学生树立在诚实劳动与不懈奋斗的接力中实现伟大复兴中国梦的坚定信念。总体来说,学校劳动实践的意义主要体现在两个方面。

一方面,学校劳动实践能够促进大学生的智力发展。在学校教育中部分教师存在一种认识误区,认为如果大学生从事劳动实践活动会占用大量的学习时间,尤其是会占用专业知识的课堂教学时间,认为这不利于大学生智力的培育。事实上,学校劳动实践不仅能够在一定程度上改善人的呼吸系统和血液循环系统,还能够促进生理的新陈代谢、调节大脑疲劳,有利于大脑的发育。同时大学生在从事具体劳动实践的过程中,双手的精细化操作活动有利于左右半脑的使用与开发,促进了大学生逻辑思维能力和形象思维能力的全面发展,有助于间接提高智力发展水平。除此之外,学校劳动实践还可以培养大学生的观察能力、分析能力、判断能力与创造能力,促使大学生全面发展。

另一方面,学校劳动实践有助于锻炼大学生的肌体。毛泽东1917年在湖南第一师范学校就读时,作为当时杰出大学生代表曾发表过"近人有言曰:'文明其精神,野蛮其体魄。'此言是也。欲文明其精神,先自野蛮其体魄;苟野蛮其体魄矣,则文明之精神随之"的经典论述,足见强健肌体与健康精神之间的重要联系。学校劳动实践能够促进大学生神经系统的发展,增强大学生体质健康,适量的、力所能及的学校劳动实践可以促使大学生身体各种器官健康发育,提升体力和耐力,增强体质并锻造意志,形成健康并充满活力的肌体。学校劳动实践与运动相比更具有优越性,具体体现在劳动可以发生在校园生活中的任何时间、任何场所,并且不需要过多的物质准备,形式多样、种类繁多的学校劳动实践恰可以使体力、脑力与技能巧妙结合。

二、生产劳动实践——大学生社会劳动

(一)大学生社会劳动实践的内涵

社会劳动实践是指在社会生产劳动的具体实践过程中,以全人培养为劳动实践的目的,以社会需求为劳动实践的指向,以教学、生产、学习、科研相结合为劳动实践形式,在学校与社会紧密合作的前提下,充分发挥大学生的主体性、能动性与创造性所开展的具体劳动实践活动。大学生社会劳动实践架起了学校与社会沟通的桥梁,使大学教育能够走出封闭的"象牙塔",走上广阔的社会舞台,加速了教学、生产、学习、科研"四位一体"协同发展的趋势。社会劳动实践,一方面能使大学生深入企业生产一线,了解社会的需求和企业的需要,检验自身的知识结构、能力结构与素质结构;另一方面能丰富大学生的成长资源,使大学生在社会劳动的过程中进一步了解国情、民情和社情,帮助他们树立正确的世界观、人生观与价值观,使大学生在社会劳动实践中增长知识、发挥才干。

(二)大学生社会劳动实践的特点

(1)社会化。

大学生从校园走向社会是一个循序渐进的过程,这个过程需要必要的社会化准备作为过渡的前提条件。因此我们可以看到,劳动实践的社会化正是不断强化这个过程的有力抓手。劳动实践的社会化不仅对大学生发现社会问题、深入思考和提出解决方案大有裨益,还能够增强大学生投身社会实践的意愿。

(2)规模化。

一方面是劳动人数的规模化,全国高校每年有数以百万计的大学生参与具体的社会劳动实践,同时每年新增参与人数还在持续稳定增长,据统计,近五年来,全国社会劳动与实践活动参与达到近800万人次,全国各高校已经在劳动实践参与人数、实践成果产出等方面形成了相当大的规模。另一方面是劳动机会的规模化,与最初社会劳动实践形式单一、内容趋同、机会稀缺所不同的是,当下高校在开拓社会劳动实践时不再局限于院校自身所开专业与特色专业这一维度,也会在交叉学科、前沿学科、复合学科领域与社会上与之相关的研发、生产、销售与服务企事业单位进行深度合作,由此产生了一批数量可观、特色鲜明、操作性强的社会劳动实践机会。

(3)基地化。

高校加强劳动实践基地的建设,与社会企事业单位合作形成共筹、共建、共管的"学校+企业"的社会劳动实践基地模式,打造出兼具生产功能、教学功能、研发功能、服务功能与就业功能的专业化社会劳动实践基地。社会劳动实践基地要凸显行业化、技能化、开放化的特点,强调具备一定专业基础的大学生在社会劳动实践中能够彰显出专业底色,依托社会劳动实践基地向全体大学生提供内容丰富、形式多样的劳动实践活动。近年来,在中国共产主义青年团中央委员会与中华全国学生联合会等有关部门的指导和鼓励下,高校及院系纷纷立足本省,面向全国,积极与社会相关企事业单位合作,建立了一批成规模、有影响、见实效的大学生社会劳动实践基地,建立了省级、校级、院系级的大学生劳动实践基地的完整体系。

(三)大学生社会劳动实践的内容

(1)就业实习类社会劳动实践。

就业实习是在校大学生社会劳动实践和学习的一种形式,具有其自身的特殊性。从身份上来说,参与就业实习的大学生仍旧属于在校生,并不以完全社会人身份参与劳动实践,这就决定了大学生社会劳动实践分为集中型与分散型两种。集中型社会劳动实践主要是指在本科四年级学生除了完成毕业论文(设计)之外进入企业、工厂、事务所等社会单位,进行集中的劳动实践。分散型劳动实践主要是指在校生利用周末和寒暑假等课余时间广泛参与社会服务与生产劳动实践。

(2)挂职锻炼类社会劳动实践。

挂职锻炼类社会劳动实践是指选派在校大学生奔赴各个区、县等基层单位,以乡镇长助理、驻村干部、村(社区)支部书记助理和村(社区)主任助理等身份,开展为期3~6个月的社会劳动实践。其目的就是给大学生提供一个接受劳动实践锻炼、增强个人修养、提高自身素质的机会,为其创造一个通过劳动实践施展才华的舞台。大学生的优势是精力充沛、朝气蓬勃、思想活跃、工作热情高、接受新鲜事物快、进取精神强且勇于创新，具有强烈的事业心和社会责任感，尤其是受过高等教育系统培养的大学生有知识、有文化、有理想、有热情、有干劲。学校应该合理安排与精心部署，使他们在挂职锻炼的工作岗位上发挥自己的聪明才智，为国家的发展做出积极的努力和贡献。

（3）志愿服务类社会劳动实践。

志愿服务类社会劳动实践作为一种特殊的无酬劳动，其本身具有明显的德育属性。它不仅是大学生参与社会劳动实践的重要板块，更是大学生进行社情民情观察的直接窗口。志愿服务类社会劳动实践一般是指大学生充分利用周末与寒暑假等课余时间参与社会福利保障、义工事业服务、社会风俗改造、精神文明服务、基层社群管理、社会行政服务、老弱病残助困等多种类型的劳动实践。志愿服务类社会劳动实践具有"锻炼自我、帮助他人、服务社会"的显著功能，在预防与解决社会问题、处理社会矛盾、调整社会关系、改善社会生活方式、完善社会制度、减少社会发展的障碍因素等方面发挥了重要作用。

（四）大学生社会劳动实践的意义

马克思主义哲学认为劳动推动社会历史进步，是人作为人之最本质、最显著的特征。马克思在《1844年经济学哲学手稿》中指出："正是在改造对象世界中，人才能真正地证明自己是类存在物。"他强调："整个所谓世界历史不外是人通过人的劳动而诞生的过程。"因此大学生社会劳动实践是推动社会进步的重要力量，是美好生活的源泉。构建德智体美劳全面培养的教育体系，加强社会劳动实践教育，是回归人之本质、回归大学生自身的主体性教育方式，能够帮助大学生在自主实践中发现自我、创造美好生活和推动社会进步。具体来说，其有两个方面的重要意义。

一方面大学生的健康成长有赖于丰富多彩的社会劳动实践。社会劳动实践能帮助大学生加强对党的基本路线的认识，促进其对劳动人民感情的提升，增强他们学习专业知识的动力，激发他们奋发成才的责任感和使命感，从而使他们的思想得到升华，素质得到提高。社会劳动实践使大学生能够把知识运用到具体的社会生产实践中去，锻炼动手操作的能力。同时，劳动实践检验有助于让大学生看到自身的知识能力的短板与不足，激发学习的主动性和积极性，从而促进其专业素质的提高。社会劳动实践使大学生走出校门与社会充分接触，能够使他们学会人际交往、懂得团队协作，大学生在社会劳动实践的过程中得到全面的发展。

另一方面学校通过社会劳动实践可以检查自身在专业设置、课程安排、教学要求、培养方式等方面的不足。与社会企事业单位频繁沟通、及时反馈、积极合作、共同寻找满足彼此需求，能够相互适应的最佳结合点。以此为基础进一步调整学校的劳动教育教学实践，使之能更好地适应企事业单位与社会整体发展需求，对有针对性地提高大学生的实践能力、就业能力、创新能力意义重大。

生产生活劳动实践协同发展是指在设计大学生劳动实践体系时必须关注学校、家庭与社会之间的关系。生活为本的劳动实践主要包括和家庭生活有关的劳动实践，和学校有关的劳动实践，家庭劳动提升学生生存技巧与技能，学校劳动能增强学生智能型、服务型与管理型劳动实践的协同发展。生产为本的劳动实践主要包括就业实习类社会劳动实践、挂职锻炼类社会劳动实践与社会服务类社会劳动实践等。劳动实践教育应尽量覆盖大学生生活的大部分时间和空间,形成教育合力,共同促进大学生劳动实践教育效果的整体优化。

学习单元三　专业思维和专业知识

培养专业技能型人才是大学尤其是职业院校教育的根本任务。大学生只有通过专业知识学习与专业技能训练,才能为走向社会、走向工作岗位打下坚实的基础。大学生应有意识地将劳动实践与专业教育相结合、与思想政治教育相结合、与创新创业教育相结合,将劳动教育融入专业学习的方方面面。

一、大学生劳动技能的思维建构

大学生劳动技能是指大学生在具体的劳动实践中所需掌握的工艺操作方法和技能,如作物耕种栽培、农作物加工、编织、缝纫、烹饪等有关技术,它是掌握科学技术原理后所进行的操作实践,对完成劳动任务、保证劳动质量、增加经济效益、提高劳动生产率至关重要。现代社会生产、加工、制造、经营都有各自岗位技术要求,让大学生通过劳动实践达到某一级工种技术等级标准,是学校进行劳动实践技术教育的一项基本任务。专业的思维模式是劳动实践技术成功的基本保证。

(一)了解大学生劳动实践技能的意义

劳动实践技能是人在劳动中掌握和运用专业技术的能力。大学生掌握劳动实践技能具有以下重要的意义。

(1)掌握劳动实践技能是社会的需要、时代的要求。

当今社会科技发展一日千里,社会分工越来越精细,产品的更新换代越来越快,对人的素质要求越来越高,因此,每个劳动者都应当具备相应的文化知识,在掌握一般知识的前提下,熟练掌握自己所从事工作的劳动实践技能,成为既懂业务又懂技术的内行。

(2)掌握必要的劳动实践技能是大学生谋生的实际需要。

在社会高速发展的今天,大学生既是消费者也是物质资料的生产者,这就要求大学生在学习期间掌握必要的劳动实践技能。实践表明,掌握较多劳动实践技能的大学生不仅能够在思想政治认识上得到迅速且深入的提升,还能在将来的就业市场上独具竞争力,因此掌握必要的劳动实践技能也是大学生个人谋生的实际需要。

(3)掌握劳动实践技能也是大学生提高自身素质的有效途径。

这是因为要掌握的劳动技能必须通过学习培训、参与劳动实践才能获得,而大学生在劳动实践的过程中不仅扩大了自己的知识面,加深了对专业知识的理解,还锻炼和完善了自身的智力与体格,加速了对社会实践的认识,因此掌握劳动实践技能有利于大学生提高自身的文化素质与劳动修养。

(二)大学生劳动实践技能建构的原则

劳动实践技能建构的本质是通过劳动实践对大学生进行现实社会生产的实际技能训练,是形成五育并举培养的重要组成部分。劳动实践技能的建构与劳动习惯的养成,是培养大学生道德品格和智力品格的重要抓手。劳动实践技能建构的根本任务就是让劳动实践技术渗透到大学生的家庭生活中去,渗透到大学生的集体生活中去,渗透到大学生的精神生活中去,使大学生对劳动实践的热爱与对劳动技术的追求能够贯穿在其少年时期和青年时期的全过程中,并成为他的重要兴趣之一。一般来说,大学生劳动实践技能建构有如下原则。

(1)突出核心主导技能深入培养的原则。

任何专业劳动实践技能并非由单一的劳动实践技能所构成,而是由多元技能组合的复合体系,该体系可以根据某一劳动岗位操作的现实需求和重要程度分解成主导技能、辅助技能、相关技能等。核心主导技能是指劳动主体所拥有的一种独特而关键的能力,这种能力有三个突出特点:①它是一种能为劳动主体带来就业机遇和实际利益的能力;②它是一种难以被竞争对手复制的能力;③它是一种能够衍生出新能力的能力。故而大学生劳动实践技能培养一定要把握重点,尤其要突出核心主导技能的深入培养,这样才能为大学生劳动实践技能体系打造坚实而稳固的基础。

(2)确保劳动实践技能充分训练的原则。

劳动实践技能是通过反复充分训练才能获得的一种能够完成特定劳动任务的动作系统。这种动作系统难以被语言编码,是一种隐性的程序化知识,不能通过背诵和记忆的学习方式掌握,必须靠充分训练才能达到真正"会做"且"能做"的最终目的。因而在劳动实践技能培养中理论讲授固然重要,但反复多次的劳动实践技能教学更是不可或缺。理论讲授与实践训练的教学时间比例至少要达到 4∶6,只有实践训练充分到位,才能确保实践技能的真正习得。

(3)确保劳动实践技能培养与职业需要和岗位需求相一致的原则。

劳动实践中培养什么技能不能以个人主观判断来确定,而要以职业需要和岗位需求来确定。职业需要是劳动实践技能建构的指向性目标,即"指向职业练技能";岗位需求是大学劳动实践技能教育的终端需求,是劳动实践技能培养所欲达及的终极目标。前者是服务于就业的过程与手段,后者才是统驭训练的目的与根本。大学生劳动实践技能建构的程序和环节都必须以此为导向来进行设计,即依据职业需要定培养方向与联合培养的合作伙伴,依据岗位需求定劳动实践技能的教学内容、教学方式、师资配备等。只有这样才能实现大学生劳动实践技能的真正获得,从而最终实现"出口畅"的人才产出目标。

二、大学生劳动技能的专业知识

大学生劳动实践技能与大学生在家所从事的家庭生活劳动技能息息相关,与在校所学专业知识与专业技能高度相关,与在社会所从事的生产劳动与专业实践密切相关,需要有专业的思维作为指引,专业的知识作为储备。总体来说,大学生劳动实践主要涵盖知识型、操作型与应用型三种技能。

(一)大学生劳动技能的知识型技能

知识型技能是指那些需要通过专门的学校教育或专业的实践培训才能够获得的独特的技能与能力。大学生所学的专业知识与技能具备显著的专业性、独特性、学科性等特点,因而知识型技能是大学生劳动实践技能教育有意识地培养与训练的结果,是通过系统的学习与反复的练习才能够掌握的程序与内容。一般来说,知识型技能分为:专业事实性技能(如术语知识辨识技能、具体细节和要素的认知技能)、专业概念性技能(分类或类目识别技能、原理和概念的概括技能、模型和结构的创造技能)、专业程序性技能(运算法则的知识技能、专业技术和方法的运用技能、决定何时运用适当程序的匹配技能)。

(二)大学生劳动技能的操作型技能

操作型技能是指那些需要通过具体的实践操作或实际训练才能够获得的独特的动手操作能力。大学生操作型劳动技能具备显著的工具性、操作性与实践性等特点。例如机电工程专业的大学生具有焊工、钳工、数控车工等操作型技能;建筑工程专业的大学生具有建筑测量、建筑制图等操作型技能;电子信息工程的大学生具有平面与空间设计、C语言程序设计等操作型技能。

(三)大学生劳动技能的应用型技能

应用型技能是指大学生通过劳动实践把业已成熟的技术和理论应用到实际的生产、生活中的实践过程,是社会活动、家庭生活与社会生产一线的基本技能。应用型技能是激发年轻人学习专业应用技能的有效手段。通过劳动培养具备"一技之长"的应用型技能人才是我国经济发展从数量增长阶段步入质量提升阶段的必经之路,一般来说,文史科大学生需具备文字编辑技能、调研技能、数据采集与分析技能等应用型技能,理工科大学生需具备计算机编程技能、机电一体化技能、3D打印技能、无人机与人工智能应用技能等等。

学习单元四 专业技能和实践

根据劳动教育的指导纲要要求,当前实施劳动教育的重点是在系统的文化知识学习之外,有目的、有计划地组织学生参加各类劳动实践活动,让学生通过动手实践、出力流汗,来更好地接受锻炼、磨炼意志,以达到培养学生正确劳动价值观和良好劳动品质的目的。可见对于劳动教育来说,劳动实践不仅不可或缺,而且有区别于其他教育类型的显著特征,在一定意义上劳动教育正是通过劳动实践而实现的教育。而劳动实践活动的组织与开展又是一个系统工程,需要学校、家庭及社会各方协同,包括在校园内也需各方力量的共同参与,充分发挥全员育人的功效,以更好地保障大学生劳动教育的实施。高校应当在开展劳动教育理论学习的基础上,积极打通劳动教育教学体系的实践路径,全面探索有效开展劳动教育的渠道。

做好整体规划是任何一项劳动实践活动顺利开展的前提条件。想要劳动实践活动取得比较好的效果,应当用专业的技能知识做好劳动实践项目的计划、劳动实践内容的实施和劳动实践结果的评价反馈工作。没有专业技能与规划的劳动实践往往是盲目和无效的。专业的劳动实践计划是劳动实践组织的起点和依据,专业的劳动实践安排实施是劳动实践项目顺利开展的保障,劳动实践活动反馈是劳动实践项目是否取得成效的评价标准。新时代大学生需要重视劳动实践活动的规划能力、实施能力和评价能力的培养。

一、劳动实践的计划

制订工作计划是制定目标和达成目标所必需的行动。实践活动的选择可以分为三个步骤:第一步,确定目标;第二步,对个人或团队进行评估,从而确定实现目标所需要采取的行动路线;第三步,收集相关资料,并制订计划,确定如何配置资源来实现目标。劳动实践计划主要应该包括目标、方法、具体安排、保障措施。

(一)实践活动选择

1. 确定目标

达成目标是完成劳动实践的基本前提,没有目标,劳动实践的成功完成就无从谈起。组织劳动实践应根据劳动实践目的确定实践项目。想要锻炼自己的生活技能,可以选择日常生活类劳动实践;想要提高自己的专业技能,可以选择生产类劳动实践;想要提前了解社会、走入社会,可以选择服务类劳动实践。

2. 自我评估

自我评估的目的是认识自我、了解自我。只有认识、了解自我之后,才能制订适合个人或团队需要的劳动实践计划。自我评估的内容包括个人或团队成员的性格、兴趣、技能、特长、智商、情商、思维方式与方法等。正确地进行个人或团队成员评估,能够扬长避短,发挥团队成员或个人的优势。可以通过对自己以往的劳动实践经历及经验进行分析,找到团队成员或个人的兴趣点与技能。自我评估一定要全面、客观、深刻,不能过于片面。比如在专业课程里学习到了哪些技能?在以往的劳动实践经历中积累了哪些知识或技巧?

3. 搜集资料

大学生运用信息资料搜集的常用方法,广泛搜集完成劳动实践任务所需要的相关资料,比如劳动实践项目需要哪些劳动技巧和专业技能,需要使用哪些工具和材料,劳动实践的基本流程是什么等内容。搜集信息资料的常用方法有如下几种:通过互联网搜集资料;到图书馆查阅相关书籍、报刊;观看或收听相应电视或电台中与劳动实践相关的节目;咨询教师、志愿者、工作人员等专业人士;购买专业机构编写的相关资料;等等。

(二)实践计划设计

在个人或团队确定劳动实践项目后,需要对劳动实践项目如何开展做出计划。设计完整的劳动实践计划,应该包括目标、方法、具体安排、保障措施等内容:

①任务名称,即确定的劳动实践项目名称,比如寝室卫生清洁、种植树木等。

②劳动目标,即明确通过参加劳动实践项目,能达到怎样的目的,比如掌握何种技巧,理解何种知识,培养何种能力。

③劳动内容,即围绕着任务名称,对劳动实践项目进行进一步的说明。

④劳动方法,即劳动实践项目中所采用的劳动方法,包括劳动过程需要使用的工具,工具使用的方法、步骤及注意事项。

⑤劳动过程,即参加劳动实践项目的具体过程,原则上按照实际劳动过程中事件发生的先后顺序进行编写,进一步明确劳动过程中的动作要点、注意事项,以及劳动过程中常见的问题及易犯的错误等。

⑥劳动成果,即劳动实践项目完成后的呈现形式,可以通过实物、图片等形式展示,也可以通过录制劳动过程视频的方式呈现劳动过程。

二、劳动实践的开展

劳动实践的顺利开展,需要参与者充分发挥个人主观能动性,积极主动地完成计划。

(一)实践任务实施

1. 落实实践工作内容

在制定好合理可行的实践方案之后,要严格按照计划要求,脚踏实地地落实工作内容。在劳动实践过程中,要注重规范操作,强化规范意识,注重从最基本的程序学起,严守规则,避免主观随意,每个步骤、环节都要精准到位,要特别关注"注意事项"、易出问题的节点及操作的重点事项,对可能出现的问题给予高度重视,并尽最大可能找到解决问题的方案。强化专注品质,注重对操作行为的评估与监控,做到眼到、手到、心到,有始有终。在劳动过程中,要发扬吃苦耐劳和乐于奉献的精神,全身心地投入到劳动实践工作中,在实践过程中,主动迎接挑战,敢于克服困难,不断提高劳动效率,取得更大的劳动实践成果,提升自己的劳动技能。

2. 比对劳动计划与结果

在劳动实践项目完成之后,及时将自己的实践成果与自己原定的目标进行比较,找到两者之间的差距,在可能的情况下,对劳动实践成果进行补救,使劳动成果尽可能做到尽善尽美。

(二)实践过程记录

为了能够在劳动实践完成之后顺利开展评价工作,大学生在实践过程中要客观记录劳动实践过程,记录的内容包括劳动实践主题、劳动实践活动的持续时间、劳动的强度、劳动实践中记录人所承担的角色、劳动实践分工情况,及时如实地填写"劳动实践过程记录表",并收集劳动实践相关事实材料,比如劳动现场照片、作品、研究报告、实习实践单位评语证明等。劳动实践记录和事实材料要真实、有据可查,为劳动实践评价提供必要的基础材料。

以"走进社区 服务社会"活动为例,解释说明如何填写劳动实践过程记录表。

表4.2 劳动实践过程记录表

劳动实践主题	走进社区 服务社会
劳动实践类别	□个人劳动实践　　　□团队劳动实践
项目开始及完成时间	××××年××月××日××点××分—××点××分
劳动实践的任务内容	完成过程记录
参与社区管理, 做好宣传工作	协助社区出墙报、普法宣传,进行清洁楼道,拾捡垃圾等活动,清理绿化带内随意丢弃的垃圾
社区卫生清洁	捡拾社区垃圾2袋,清理了社区内墙面上张贴的广告
服务社区居民	为××户社区居民分发报纸,服务孤老,为社区6户孤寡老人做家务事,收集社区废品,并将其卖掉,用废品回收所得为社区买了5盆花

续表

绿色环保宣传	开展了节约用水、保护水资源的宣传活动,共有30人到现场听讲座,开展了对本地区水资源状况的调查,共收回问卷200份
劳动成果展示	(放置拍摄相应照片组合)

三、劳动实践的评价

2020年3月,中共中央、国务院印发了《关于全面加强新时代大中小学劳动教育的意见》指出:"健全劳动素养评价制度。将劳动素养纳入学生综合素质评价体系,制定评价标准,建立激励机制,组织开展劳动技能和劳动成果展示、劳动竞赛等活动,全面客观记录课内外劳动过程和结果,加强实际劳动技能和价值体认情况的考核。"劳动实践的评价,即对劳动实践效果进行反思、交流与展示,它是劳动实践的重要环节,劳动实践评价将实践结果与实践过程结合,其目的是促进学生劳动技能和劳动素养的全面提高。

2020年7月,教育部印发《大中小学劳动教育指导纲要(试行)》文件指出:"将劳动素养纳入学生综合素质评价体系。以劳动教育目标、内容要求为依据,将过程性评价和结果性评价结合起来,健全和完善学生劳动素养评价标准、程序和方法,鼓励、支持各地利用大数据、云平台、物联网等现代信息技术手段,开展劳动教育过程监测与纪实评价,发挥评价的育人导向和反馈改进功能。"

(一)评价标准制定

1. 自评

大学生经过劳动实践,既能知道劳动技能得到锻炼与提升的情况、理论知识学习的掌握情况,又能清楚明白劳动实践过程所需要的劳动态度、劳动方法与劳动技能的情况,因此可以从其个人的主观角度,对个人参与劳动的要素进行自我评价。自我评价是对个人参加劳动实践活动自我反思的方法,既能促进大学生不断反思劳动实践效果,巩固劳动实践成果,又能促进大学生劳动素养的提升和素质的全面发展。

2. 他评

他评是对他人劳动实践活动的评价,目的是帮助他人反思劳动实践,也是服务于他人的发展,使评价对象取得更大的进步。实施劳动实践评价的主体主要有学校教师、企业或社会相关人员、同学等。他人评价的目的与自我评价相关,都是为了促进被评价对象劳动技能和劳动素养的全面提高。在实施他人评价时,不仅要关注被评价对象所习得的理论知识及专业技能情况,更要关注被评价对象对复杂的、具有不确定性的现实问题的解决能力;不仅要关注被评价对象对理论知识的理解或应用,更要关注其综合运用和主动创生知识的能力;不仅要关注被评价对象劳动实践的内容,更关注被评价对象如何实践;不仅要关注被评价对象个体,更要关注被评价对象能否进行团队合作和有效的沟通与交流。

(二)实践评价实施

1. 自评

(1)劳动实践者需要对自己的劳动态度进行自我评价。

比如劳动实践项目选择是否科学合理,是否充分考虑到个人或团队理论知识与劳动技能储备,是否充分考虑到劳动实践项目对个人或团队劳动技能与劳动素养的锻炼提高,劳动实践项目实施计划是否详细周密,是否对劳动方法、劳动过程、劳动操作注意事项有充分的了解与准备,在劳动过程中是否做到积极主动、踏实肯干、持之以恒、全力以赴,项目完成得是否及时高效,对劳动实践过程的记录是否真实、完整,文字表达是否清晰准确。

(2)劳动实践者需要对自己的劳动收获进行自我评价。

主要反思在参加劳动实践的过程中有哪些收获,运用了哪些理论知识与劳动技能,锻炼了自己哪些劳动精神与劳动品质,是否达到了个人或团队参加劳动实践的目的。

(3)填写"劳动实践评价表"。

在以上反思与自我评价的基础上,选择合适的劳动成果展示方式,展示个人或团队的劳动成果,向他人介绍劳动过程,交流劳动实践的心得体会,听取他人意见,并根据个人或团队的实际情况认真填写"劳动实践评价表"。

2. 他评

对劳动实践者开展他人评价时,首先要查阅"劳动实践计划表""劳动实践过程记录表"认真观察他人或团队的劳动成果,仔细聆听他人介绍,积极参与成果讨论,发现别人劳动成果与劳动过程中的优缺点,然后主要围绕劳动态度、劳动收获、完成效果等方面展开评价,从而给出公正客观的评价。在综合以上方面评价内容,结合具体劳动实践任务的基础上,制定相应的评价标准,并制作"劳动实践评价表"。

大学生要有目的、有计划地参加生活、生产和服力性的劳动,在劳动实践中做好知识、技能、管理、合作等各项准备。通过学习如何制订劳动实践计划、实施和评价劳动实践,在劳动的过程中培养活动规划能力,提升自身的劳动能力与劳动素养,使劳动实践活动的参与富有成效。

情境单元一 案例解析

把工匠精神"种"进年轻人心里:耐得住性子,总有一天会发光。健全公共服务,关注年轻人的精神需求和求技渴望;转变观念,帮助年轻人从生产一线获得从"工"到"匠"的成长动力;厚植劳模精神、劳动精神、工匠精神的社会土壤,让年轻人感受到劳动光荣、技能宝贵的社会氛围……今年的全国两会上,代表委员们建言献策,推动更多年轻人走进工厂,成长为产业工人大军中的一员。

"耐得住性子,总有一天会发光。"

"学技能、进工厂还有前途吗？"去年，在一次"劳模进校园"宣讲活动中，有一位职高学生向常州老三集团有限公司妇联主席李承霞代表抛出这个问题。

"当然，未来智能制造需要你们这样的年轻血液涌入。"这次互动问答，让李承霞代表意识到，迫切需要对青少年进行劳动教育，让他们认识到学技能的价值，树立正确的就业观。

"一些年轻人眼高手低，不愿放下身段去车间。"代表委员们指出，当下，社会上存在这样的浮躁心态。

"培养技工与培养医生、老师是一样的。"哈尔滨东安汽车动力股份有限公司研发中心高级技师苗秀代表建议加大宣传，"要让他们了解，一名技工要真正成长起来，需要5~8年，也许短期内看不到成效，但只要耐得住性子，总有一天会发光。"

2020年，白映玉代表获评广东省广州市南沙区第二届"南沙金牌工匠"，获得100万元的奖励，徒弟们备受鼓舞。

在代表委员们看来，需要改变的，还有年轻人对工厂的"刻板印象"。"很多学生和家长觉得制造业就是'苦脏累'的代名词。其实，很多现代化工厂是无尘车间，工人的劳动强度已经大大降低。"松下家电（中国）有限公司松下康养商品营销部全域营业课课长刘廷代表所在的企业，从前端零部件的入库、出库，到成品的码垛、搬运都实现了自动化。

探索与思考

阅读上述材料，围绕劳动实践与知识学习的关系，思考当代大学生如何才能让自己"发光"。

情境单元二　讨论

【活动一】

请仔细阅读下面表格中的问题，并逐项回答"会"或"不会"，将答案填写在"回答"栏对应的位置。

序号	问题	回答
1	你会做饭吗？	
2	你会经常洗碗吗？	
3	你会自己洗衣服吗？	
4	衣服破了，你会缝吗？	
5	你会维修常用家电或家具吗？	
6	你会每周定期大扫除吗？	
7	你会定期参加志愿活动吗？	
8	你会参加与所学专业相关的生产性劳动吗？	

你的肯定回答越多，说明你对劳动的认知和践行越符合劳动教育的要求。作为当代大学生，不仅要积极参加各项劳动实践活动，更要能够在学习中做好参加劳动实践的准备，在劳动实践中增进学习。

青年学生应如何更好地学习和劳动？

【活动二】

实践作业——身体力行、实践感悟

旧物改造

一、目标

运用创新能力进行实践。

二、规则和程序

1. 展示作品。为旧物改造成品命名。在课堂上展示改造的成品,并演示其功能。

2. 介绍设计理念。结合PPT介绍改造的出发点,所运用的创新方法、设计方案、改造的思路等。

3. 讲述改造过程。包括介绍原材料、改造工具、改造工序及改造过程中遇到的问题及解决办法等。

扩展阅读

阅读一:常见的大学生志愿者活动

1. 中国青年志愿者扶贫接力计划研究生支教团项目

项目由共青团中央、教育部共同组织实施,采取公开招募、自愿报名、择优选拔的"志愿+接力"方式,每年在全国部分高校中招募一定数量具备保送研究生资格、有奉献精神、身心健康的应届本科毕业生或在读研究生,到国家中西部贫困地区中小学开展为期1年的支教志愿服务,同时开展力所能及的扶贫工作。

2. 大学生志愿服务西部计划

本项目是按照党中央和国务院要求,由共青团中央、财政部、教育部、人力资源和社会保障部共同组织开展的国家重大人才工程,招募一定数量的普通高等学校应届毕业生或在读研究生,按照基础教育、服务三农、医疗卫生、基层青年工作、基层社会管理、服务新疆、服务西藏等专项到西部基层开展为期1~3年的志愿服务,并鼓励志愿者服务期满后扎根当地就业创业。

3. 大型赛会志愿服务

由共青团动员、组织青年志愿者服务大型赛会,已经成为我国各类大型活动的通行做法,成为新时期共青团引导广大青年围绕中心、服务大局的生动体现。已经开展的项目有北京奥运会、上海世博会、广州亚运会、南京青奥会、C20杭州峰会、国庆70周年活动等重大赛会和活动。

4. 应急救援志愿服务

在汶川地震、玉树地震、舟曲泥石流、芦山地震等自然灾害面前,青年志愿者不畏艰险、冲锋在前,无私奉献,彰显了当代青年的家国情怀和担当精神。

5. 共青团关爱农民工子女行动

项目组织青年志愿者在城市社区、农村乡镇广泛开展学业辅导、亲情陪伴、感受城市、自护教育、爱心捐助等方面的志愿服务,为农民工子女提供切实有效的帮助。目前已形成"七彩假期""七彩四点半""助力乡村学校少年宫建设"等多个子项目。

6. 中国青年志愿者助残"阳光行动"

项目由共青团中央联合中国残疾人联合会组织实施,组织青年志愿者以"心手相牵 共享阳光"为主题,以残疾青少年为主要服务对象,重点围绕日常照料、就业支持、支教助学、文体活动、爱心捐赠5个方面,长期结对开展助残志愿服务工作。

7. 中国青年志愿者服务春运"暖冬行动"

项目由共青团中央联合国家发展改革委、公安部、交通运输部、中国民用航空局、中国国家铁路集团有限公司等6部门共同启动实施,以"青春志愿行,温暖回家路"为主题,组织青年志愿者在春运期间,围绕引导咨询、重点帮扶、应急救援等内容,在火车站、汽车站、机场、港口码头、高速公路服务区等旅客集中的场所,开展志愿服务活动。

8. 中国青年志愿者海外服务计划

项目由共青团中央和商务部(2018年后,调整为国家国际发展合作署)共同组织实施,通过公开招募、自愿报名、集中选拔的方式,选派中国青年志愿者到国外开展为期半年至2年的汉语教学、体育教学、医疗卫生、信息技术、农业技术社会发展等领域的志愿服务工作。

作为一名当代大学生,应该充分意识到参与劳动实践对个人成长成才具有非常重要的意义。无论是他人安排的劳动实践任务,还是自己计划的劳动实践任务,都应该采取积极的态度去完成,这样,才能实现劳动实践项目对个人品德修养提高的作用,才能实现个人劳动技能的提高。因而如何组织、实施劳动实践活动,并对劳动实践活动进行正确客观的评价,显得尤为重要。

阅读二:志愿者活动的平台介绍

1. 中国志愿服务联合会

中国志愿服务联合会是经民政部批准,由志愿服务组织、志愿者以及相关单位、组织和个人自愿结成的全国性、联合性、非营利性社会组织,由中共中央宣传部主管,在中央文明办的具体指导下开展日常工作。进入中国志愿服务联合会官网,能够得到最新的志愿服务焦点与地方实践信息,了解国内国际志愿快讯,及时接收重要志愿服务通知公告与政策法规,有助于志愿服务实践与研究的开展。

2. 全国志愿服务信息系统(中国志愿服务网)

全国志愿服务信息系统是面向各行业志愿服务管理部门,面向广大社会公众、志愿服务组织、志愿服务队伍的社会化服务平台。通过系统,社会公众可以便捷注册为志愿者参与志愿服务;志愿者可以参与自己感兴趣的志愿队伍和项目,记录、转移、接续自己的志愿服务时间;志愿队伍可以按照规范的流程发布项目、招募管理志愿者、开展服务,实现供需有效对接;全国各行业各区域志愿服务数据实时或定时汇集,党政管理部门可以全面了解志愿服务情况、开展数据决策分析。

3. 中国青年志愿者协会

中国青年志愿者协会是共青团中央主管的,由青年志愿者组织和个人自愿结成的,全国性、专业性、非营利性社会组织,是共青团在实践中培养社会主义事业建设者和接班人的重要组织平台。其主要职责是建立健全青年志愿服务体系,推进诚信建设和志愿服务制度化;培养青年责任意识、规则意识、奉献意识,促进青年全面发展,培养社会主义建设者和接班人;组织青年围绕扶贫、环保、济困、扶老、救孤、恤病、助残、救灾、助医、助学、应急救援、大型赛会等领域开展志愿服务;规划、组织青年志愿服务活动,协调全国各地、各类青年志愿者组织开展工作;依法依规开展海外志愿服务活动,与海内外志愿者组织、团体加强交流;开展符合协会宗旨的其他活动。

4. 中国青年志愿者网

中国青年志愿者网是共青团中央青年志愿者工作部、中国青年志愿者协会秘书处与中国青年报社主办的志愿者公益网站。志愿者可以通过登录平台实现选择加入对应的志愿者服务组织、参加各种志愿者服务活动等功能。中国志愿者信息管理系统注册系统功能包括志愿者在线注册、志愿服务信息发布平台、需求机构信息接收、志愿者机构人员管理,实现多角色一站式的现代管理体系。消息中心具有站内短消息、邮件群发、定向手机短信等交流方式。

5. 各省市志愿服务网站

在搜索引擎中输入"省份名/直辖市名+志愿服务网"等关键词进行搜索,即可搜索到所需要省市的志愿服务网站。不同省市的志愿服务网站名称各不相同,如北京市为"志愿北京",上海市为"上海志愿者网",需要注意辨别。

除了校外的志愿服务劳动实践,校内志愿服务劳动也是大学生开展服务性劳动的基础。学校的校内志愿服务活动可以围绕校园设施维护、校园环境维护、校园文化营造等方面展开。常见的校内志愿服务活动包括:文化营造类,如校园文化节、寝室文化节等活动的志愿服务;运动健康类,如学校运动会、趣味运动会、智力挑战赛等活动的志愿服务;知识宣传类,如健康知识、生活知识、环境保护知识、垃圾分类知识、防火防盗知识等内容的宣传活动;节俭节能类,提倡、践行节俭的活动,比如倡导光盘行动、废旧物品回收、二手物品交换市场等活动。

第五模块　劳动安全

学习单元一　树立安全意识

实习实训是职业院校开展劳动教育的主要载体,对于实现职业技能和职业素养融合培养,促进人才培养与企业需求的无缝对接,培育工匠精神具有重要重义,毕业年级的顶岗实习时间一般长达 6 个月,在此期间,我们必须要了解实习过程中的注意事项,要遵守劳动纪律,掌握劳动安全保护技能,注意自身劳动权益保护,确保在保障自身安全的基础上,圆满完成教学任务并达到进一步了解社会的目的。

危险的三要素是:人的不安全行为、物的不安全状态和环境的不安全条件。但是在三者中,物和环境相对比较稳定,而人是最活跃的,是操作者和控制者。据统计,人的因素导致的责任事故占到总事故比例的 75%,且逐年上升。

我们绝大多数人不是不知道安全规章制度和安全操作规程,而是有意无意地违章,这就属于安全意识淡薄。在现场施工作业中,有一些人偏偏不能走的地方要走,不能碰的地方要碰,这就属于安全意识问题。安全意识,指的是在人们的思想意识中对于安全的认识,包括安全价值观、安全警惕性等等。没有安全知识,就会稀里糊涂受伤害;没有安全意识,事故就会不请自来。安全知识重要,安全意识更重要。当人有了安全意识,就会主动学习安全知识,就会有安全保障。可见,树立安全意识是安全工作的前提和基础。

一、认识劳动安全

劳动安全,又称为职业安全,是劳动者享有的在职业劳动中人身安全获得保障、免受职业伤害的权利,具体是指在生产劳动过程中,防止中毒、车祸、触电、塌陷、爆炸、火灾、坠落等危及劳动者人身安全的事故发生。《经济、社会及文化权利国际公约》第七条规定,缔约各国承认人人有权享受公正和良好的工作条件,特别要保证安全和卫生的工作条件。这里需要说明的是,广义的劳动安全包括人身安全和健康两部分内容,本章集中讨论劳动者的人身安全问题。

劳动安全在国家建设层面具有重要意义。安全生产是我们党和国家在生产建设中一贯坚持的指导思想,是我国的一项重要政策。中国共产党代表着工人阶级和劳动人民的根本利益,是全心全意为人民服务的政党。我们的国家是共产党领导下的社会主义国家,劳动人民是国家的主人。我们的一切工作都必须有利于人民大众的根本利益,国家利益和人民利益在根本上是一致的。保护劳动者在生产中的人身安全,是关系到劳动人民切身利益的一个非常重要的方面。因此,当我们谈到发展生产、改善人民生活的时候,绝不能忘记改善劳动者的劳动条件,不顾劳动者的人身安全,盲目追求产值利润是绝不允许的。加强劳动保护,改善劳动条件也已经被写进我国的宪法条文。

安全生产还关系到社会安定和国家一系列重要政策的实施。安全生产搞不好,伤亡事故和职业病频繁发生,不仅使劳动者本人受到伤害,更使其家庭承受不幸,还会给成千上万的人民群众造成心理上难以承受的负担。

二、树立劳动安全意识

1. 培养戒备和警觉意识

安全意识,就是人们头脑中建立起来的"生产必须安全"的观念。人们在生产活动中,对各种各样的、可能对自己或他人造成伤害的外在环境条件要有一种戒备和警觉的心理状态。很多安全事故都是因为"无知者无畏"造成的,因为不认识危险而失去了防范危险的能力和机会。认识危险提示标识是防范危险的前提。熟记标识,遵规守纪,才能有效地避免危险,才能从根本上提高安全意识。

2. 培养安全第一的意识

生命重于泰山,要牢记"安全第一,生命至上"的原则,强化安全意识。在生产和生活中,运用安全设备、学习安全知识、培养安全意识都是确保安全的手段和方法,其中,安全意识是最重要的。在人为因素引起的事故中,安全意识薄弱造成的事故占 90% 以上。在各类事故的通报中,不难发现常有同类事故多次发生的情况。所以,培养安全第一的意识是确保劳动安全的重要前提。

3. 培养依法守规的意识

卫生安全、生产安全、环境安全、经济安全、文化安全等,都有明确的法律规定,我们要学会用法律来保障和维护劳动安全。加强安全教育和培训是最直接有效的途径。系统全面地学习安全生产方针、安全知识和安全理论教育。学习掌握《安全生产条例》《作业人员手册》《危险源辨识》等安全知识、安全规章制度,提高自身的安全知识水平。

4. 从"要我安全"变成"我要安全"

明白"安全为了谁",安全教育才能入脑入心,安全意识才能扎根深处,才能警钟长鸣,紧绷安全弦。现实生活中,很多人不是没有安全意识,而是不能长期保持安全意识,很多事故往往就发生在一时的疏忽上。究其原因是长时间的生产安全出现"安全意识疲劳"。明白"安全为了谁",才能让安全成为一种习惯。明白"安全为了谁",是安全意识之母,是安全工作之魂,也是实现"人人要安全"的唯一途径。

学习单元二 生产安全

一、生产安全的基本原则

一般来讲,确保劳动安全既有一般岗位的通用原则,也有特殊行业、特殊岗位的专业原则。生产安全的基本原则主要包括以下三个方面。

第一,生命至上的原则。在劳动过程中,必须首先保证生命安全,没有了生命,其他的物质财富都是零。在安全上,必须明白 $100-1=0$ 的道理,即一次事故就是安全管理的全部失败。

第二,防患于未然的原则。所有事故的发生都有明显的原因,如人的不安全行为、物的不安全状态和管理上的缺陷等,这在生产系统中被称为安全隐患。排查并消除安全隐患,能够有效减少事故发生的概率。

第三,安全习惯养成原则。良好的劳动安全习惯是避免事故发生的重要条件之一。要熟悉自己的岗位职责和工作内容,主动参加培训,对于不太熟悉的工作内容和工作要求,要多向有经验的员工请教,尤其要明确工作流程,不能贸然操作。有些操作岗位对于工作服有明确的要求,比如必须戴安全帽、工作帽,必须穿标准工作服和规定的工作鞋等。企业中的统一着装不仅是为了整齐好看,更是为了安全。使用设备前要对设备进行检查,确认运行正常后再进行操作。发现设备异常必须立即停止使用,等待检测、检修,确保处于正常状态后方可使用。操作结束时要做好收尾工作,如关闭机器,将操作工具放回原位等。

除了上面提到的通用原则,还有一条被很多行业使用的安全口号,即"不伤害自己,不伤害别人,不被别人伤害",以提醒员工在工作时确保个人与他人的安全。

不同的行业、工种在不同的操作现场有不同的安全要求,企业只有根据自身情况制定并执行安全标准,才能保证劳动者的安全和企业的经营效益。

二、劳动安全保护措施

危险程度不同的工作会有不同的专项治理方法,这里主要介绍普遍的劳动安全保护措施。

第一,加强管理。劳动安全不仅是劳动者自身的责任,更是劳动组织的职责,强化监督和检查的力度、落实安全生产责任制是有效减少事故的重要方法。而落实的途径,则是依靠网格化的安全管理模式,责任划分需要横向到边、纵向到底,落实到岗、具体到人,并建立行之有效的考核机制。

第二,强化培训。劳动组织和劳动监督机构要加强安全教育,强调岗位操作规范,增强职工的安全意识,使其完成从"要我安全"到"我要安全"的思想转换,将安全工作前移,提高员工的安全意识。推行安全工作人人管、人人抓,认真组织开展"反三违"、评比安全生产标兵等形式多样的主题活动,提高全体员工的安全生产意识。

第三,正确处理突发事件。对于劳动过程中可能产生的突发事件,事先要有处理预案。一个企业的应急处理能力充分体现了企业的成熟度。不同行业的突发事件,根据实际情况有不同的应对方式,这里既包括人的组织预案,也包括技术的处理方式。如果事件能够得到正确、及时的处理,不仅能够保障劳动者的安全,更能够使劳动者和企业的损失降至最低,确保社会的稳定。

三、外出生产劳动安全

参加生产劳动,有的是在校园内进行,有的则需外出去企业、田间。外出时,从出行、劳动到返回,都应注意安全。

第一,途中交通安全。出行安全:设计、明确出行线路,遵守交通规则,路上行走不要看手机,不做"低头族",避免交通事故。乘车安全:遵守公共秩序,讲究社会公德。头、手等身体部位不能伸出窗外,管好身边物品,防止被盗。乘坐汽车如有安全带需系好安全带。不携带违禁物品上车。骑车安全:骑自行车、电动车、摩托车时注意骑车不打伞、不脱手骑车、不骑车带人、不骑存在安全隐患的车、不飙车、不与机动车抢道、不平行骑车、不在恶劣天气骑车等。驾车安全:设计、明确驾驶线路,提前检查车况,遵守交通规则,合理控制车速,观察沿途交通标志,注意行车礼貌。

第二,防诈骗和防"黄赌毒"。出行途中,可能会遇到诈骗犯罪现象。首先要杜绝占便宜心理,不要将个人信息资料外泄,不要将个人有效证件借给他人,不要轻信陌生人。青年学生应保持高度警觉,要树立正确的价值观,洁身自好。防"黄"要树立正确的"三观";防"赌"要杜绝不劳而获的价值观;防"毒"要杜绝不良嗜好,谨慎交友。无论是前往参加劳动途中,还是在劳动场所,都要提高警惕。

四、生产劳动安全注意事项

参加生产劳动的过程中,可能存在着一些风险点。如火灾、爆炸、中毒、辐射、触电、高空坠物、机械外伤、卫生等。农业劳动可能还存在水灾、雷电、泥石流、塌方等自然灾害。劳动组织者和参加者要提前作出预判并准备预案。

第一,进行劳动安全评估。为了确保劳动安全,劳动组织者事前要做好充分的安全检查和评估及时排查并消除安全隐患,还需提供必要的劳动工具和劳动防护装备等。

第二,规范佩戴劳动防护用品。劳动防护用品是指劳动者在生产过程中为免遭或者减轻人身伤害和职业危害所配备的防护装备。正确使用劳动防护用品,是保障从业人员人身安全与健康的重要措施。劳动防护用品主要有:工作服、安全帽、防护手套口罩等。

第三,正确使用劳动工具。劳动工具是指为完成劳动任务所使用的一切辅助器械,包括各种劳动机械和普通工具。对于机械类工具,使用者在使用过程中要细心关注机械的工作状态是否正常,如发现机械出现异常现象(如异常声音、异常动作、异常手感)必须立即停止使用,并立即上报进行恰当的处置。手持电动工具也是劳动中经常使用的,其触电事故发生率非常高,使用前应检查工具外壳、手柄有无断裂和破损,接零(地)是否正确,导线和插头是否完好,开关工作是否正常灵活,电气保护装置和机械防护装置是否完好,工具转动部分是否灵活。

第四,严格遵守操作规程。劳动参加者必须认真阅读操作规程,在做好安全防护的基础上进行规范操作。

第五,服从劳动组织方安排。参加劳动,应服从组织方安排,遵守纪律,不擅自脱离队伍,不擅作主张。

五、熟悉生产劳动安全环节

安全责任贯穿劳动的全过程,我们应当对自己及相关人员的安全负责,坚信所有的生产安全事故都是可以防止的,所有的生产安全操作隐患都是可以控制的;深信工作外安全和工作内安全同样重要;积极与同事协作,以防止任何不安全之环境及行为,发现安全隐患必须及时消除;关注安全条例、程序及法规,并在需要时帮助完善;参加为提高自身安全意识而举办的安全培训和活动;就所有事故及环境问题参与相关讨论和改进。

在未来的工作中,我们要严格遵守工作的规章制度和操作流程,有一些工作岗位还会有明确的操作规范和安全标准。认为"小概率的事件不会发生"的侥幸心理,是劳动安全的最大隐患。只有严格遵守规章制度、依法守规地从事生产劳动,才能降低意外事件发生的概率。

作为即将走上工作岗位的未来劳动者,我们要有充分的安全知识储备,形成良好的劳动安全意识和自我保护意识,不断提升自己防范风险的能力,成为一名遵规守法的劳动者。

学习单元三　劳动防护用品使用

一、什么是劳动防护用品

劳动防护用品作为安全生产的最后一道防线,在企业防范安全生产事故和预防职业病方面发挥着重要作用。劳动防护用品使用一定的屏蔽体,采取阻隔、封闭、吸收、分散、悬浮等手段,保护肌体的局部或全身免受外来有毒有害物质的侵害。防护用品对于劳动者的安全健康,防止职业病和慢性病损害,减少或杜绝伤亡事故的发生十分重要。为预防工伤事故的发生,保护工人在生产过程中的安全和健康,对从事有关作业的人员要发放劳动防护用品。

二、认识劳动防护用品

使用劳动防护用品前应首先对其做一次外观检查。检查的目的是认定防护用品对有害因素防护的效能,如检查其外观有无缺陷或损坏,各部件组装是否严密,启动是否灵活等。劳动防护用品的使用必须在其性能范围内,不得超极限使用;不得使用未经国家指定、未经监测部门认可(国家标准)和检测达不到标准的产品;不能用其他物品随便代替,更不能以次充好;要严格按照使用说明书正确使用劳动防护用品。以下介绍几种常见类型的劳动防护用品。

1. 头部防护用品

依据《头部防护　安全帽选用规范》(GB/T 30041—2013)为防御头部不受外来物体打击和其他因素危害而采取的个人防护用品,分为安全帽、防护头罩和工作帽三类:

安全帽:又称安全头盔,是防御冲击、刺穿、挤压等伤害。

防护头罩:使头部免受火焰、腐蚀性烟雾、粉尘以及恶劣气候条件伤害。

工作帽:避免使头部脏污、擦伤或长发被绞碾等伤害。

2. 呼吸防护用品

用于避免粉尘或有毒气体对人体呼吸系统造成的伤害。依据《呼吸防护　自吸过滤式防颗粒物呼吸器》(GB 2626—2019)防止有害气体、蒸气、粉尘、烟和雾经呼吸道吸入或直接向配用者供氧或清净空气,保证在尘、毒污染或缺氧环境中作业人员正常呼吸的防护用品,按防护方法可分为过滤式和隔绝式类两类(见表5.1):

表 5.1　呼吸防护用品分类

过滤式			隔绝式				
自吸过滤式		送风过滤式	供气式		携气式		
平面罩	全面罩		正压式	负压式	正压式	负压式	

过滤式呼吸防护用品是依据过滤吸收的原理,利用过滤材料滤除空气中的有毒、有害物质,将受污染空气转变为清洁空气供人员呼吸的一类呼吸防护用品,如防尘口罩、防毒口罩和过滤式防毒面具。

隔绝式呼吸防护用品是依据隔绝的原理,使人员呼吸器官、眼睛和面部与外界受污染空气隔绝,依靠自身携带的气源或靠导气管引入受污染环境以外的洁净空气为气源供气,保障人员正常呼吸的防护用品,也称为隔绝式防毒面具、生氧式防毒面具、长管呼吸器及潜水面具等。

3. 眼部防护用品

依据《眼面防护具通用技术规范》(GB 14866—2023)用以保护作业人员的眼睛、面部,防止外来伤害。眼部防护用品主要有焊接用防护眼镜、炉窑用防护眼镜、防冲击防护眼镜、微波防护眼镜、激光防护镜以及防X射线、防化学、防尘等防护眼镜。

4. 听力防护用品

依据《护听器的选择指南》(GB/T 23466—2009)听力防护用品是防止过量的声能侵入外耳道,使人耳避免噪声的过度刺激,减少听力损伤,预防噪声对人身体引起不良影响的防护用品。避免或减轻长期在90 dB(A)以上或短时在115 dB(A)以上环境中工作时受到的伤害。听力防护用品的结构原理,类似人们遇到强烈音响振动时,会自觉或不自觉地用双手掩耳,以减少强声波对人听觉器官损伤的情况。听力防护用品就是根据这种原理,通过一定的造型,使之能封闭外耳道,达到衰减声波强度与能量的目的,同时,又要具有一定适于佩戴的结构,形成一种以防噪声为目的的防护用具。听力防护用品主要有耳塞、耳罩和帽盔三类。

5. 足部防护用品

依据《个体防护装备 足部防护鞋(靴)的选择、使用和维护指南》(GB/T 28409—2012)。足部防护用品用于在工作中保护足部免受伤害。足部防护用品主要有防砸鞋、绝缘鞋、防静电鞋、耐酸碱鞋、耐油鞋、防滑鞋等。不同的安全鞋功能不同,适用范围也不同。

保护足趾安全鞋:内包头安全性能为AN1级,适用于冶金、矿山、林业、港口、装卸、采石、机械、建筑、石油、化工行业等。

防刺穿安全鞋:抗刺穿强度为1级,适用于矿山、消防、建筑、林业、冷作工、机械行业等。

电绝缘鞋:适用于电工、电子操作工、电缆安装工、变电安装工等。

防静电安全鞋:能消除人体静电积聚,适用于易燃作业场所,如加油站操作工、液化气灌装工等。

耐酸碱安全鞋:适用于电镀工、酸洗工、电解工、配液工、化工操作工等。

6. 手部防护用品

依据《手部防护 防护手套的选择、使用和维护指南》(GB/T 29512—2013)手部防护用品用于在工作中保护手部免受伤害。手部防护用品主要有耐酸碱手套、电工绝缘手套、电焊手套、防X射线手套、石棉手套、耐高温手套、防割手套等。

(1)机械防护。

材质代表:Kevlar+发泡丁腈涂层/天然橡胶涂层。

主要使用行业:汽车和交通、金属加工、玻璃、机器和设备、建筑和工程、物流和仓储等。

防护特征:这些手套的设计旨在防止切割、磨蚀和刺穿,并提供在干燥或湿润环境下处理材料的抓握性能。这些手套还具有不同程度的防透液性和各种特殊性能,同时兼具灵巧性和舒适性。

(2)化学防护。

材质代表:丁腈胶料材质。

主要使用行业:化工、制药、维修、汽车和交通、金属加工、建筑和工程、物业服务。

防护特征:专为提供优异的飞溅或全浸暴露防护而设计,可防止各种化学品和液体的腐蚀。这些手套还可以在恶劣环境下提供不同程度的机械防护。

(3)产品工人防护。

材质代表:超薄丁腈橡胶材质。

主要使用行业:化工、制药、电子。

防护特征:这些手套的设计旨在对特殊管理要求环境下的产品和工人进行防护。这些手套具有与各种用途相符的特征,包括医药实验室、洁净室、电子、食品加工和食品服务等。

(4)食品加工防护。

材质代表:PVC 材质(无粉)。

主要使用行业:即售包装准备、水果和蔬菜加工、深加工、乳制品加工。

防护特征:这些手套的设计旨在对食品加工业的工人和产品进行防护。无论是在潮湿、干燥还是油性环境中,材质独特的抓握设计都可以提供无与伦比的抓握性。除满足抓握性外,手套还具有加工应用中所需要的主要特性:弹性和灵巧性。

7. 躯干防护用品

依据《防护服装 化学防护服的选择、使用和维护》(GB/T 24536—2009)躯干防护用品用于保护职工免受劳动环境中的物理、化学因素的伤害。躯干防护用品是替代或穿在个人衣服外,用于防止一种或多种危害因素的防护服。躯干防护用品根据结构和防护功能及防护部位可分为防护背甲、防护围裙和防护服。其中防护服包括阻燃服、焊接服、微波辐射防护服、酸碱类化学品防护服和防静电服等。

8. 防坠落用品

依据《个体防护装备配备基本要求》(GB/T 29510—2013)防坠落用品用于保护高空作业者不受到高空坠落威胁或在发生坠落后保护高空作业者不受到进一步的伤害。防坠落用品主要有安全带、安全绳和安全网。防止高空作业人员发生坠落或发生坠落后将作业人员安全悬挂的个体防护用品是安全带;在高空作业员发生坠落时吸震绳吸收下坠时所产生的力量,以避免高空作业员在下坠停止后受到伤害;生命线系统是可以让高空作业者垂直或水平地在高空工作或者自由通行的装置。

9. 护肤用品

依据《个体防护装备配备基本要求》(GB/T 29510—2013)。护肤用品主要用于防止皮肤(主要是面、手等外露部分)免受化学、物理等有害因素危害,又称劳动护肤剂。劳动护肤剂可分为防水型护肤剂、防油型护肤剂、遮光型护肤剂、洁肤型护肤剂、驱避型护肤剂和其他用途护肤剂六种类型。

同学们在将来的工作中,要先掌握相关行业的安全技术规范,根据规范施工、操作,学会正确使用劳动防护用品,在校内实训课、校外实习或走上工作岗位时,都要事先做好自我保护。

三、佩戴和使用劳动防护用品注意事项

从事高空作业的人员,不系好安全带发生坠落。

从事电工作业(或手持电动工具)不穿绝缘鞋发生触电。

在车间或工地不按要求穿工作服,穿裙子或休闲衣服;或虽穿工作服但穿着不整,敞着前襟,不系袖口等,造成机械缠绕。

长发不盘入工作帽中,造成长发被机械卷入。

不正确戴手套。有的该戴不戴,造成手的烫伤、刺破等伤害。有的不该戴而戴,造成机器卷住手套带进手去,甚至连胳膊也带进去的伤害事故。

不及时佩戴适当的护目镜和面罩,使面部和眼睛受到飞溅物伤害或灼伤,或受强光刺激,造成视力伤害。

不正确戴安全帽。当发生物体坠落或头部受撞击时,造成伤害事故。

在工作场所不按规定穿用劳保皮鞋,造成脚部伤害。

不能正确选择和使用各类口罩、面具,不会熟练使用防毒用品,造成中毒伤害。

在其他需要进行防护的场所,如噪声、振动、辐射等,也要正确佩戴和使用劳动防护用品,从而保护自己的人身安全和健康。

学习单元四 安全操作常识

在生产劳动中,生产环境和机器设备、劳动工具等存在着某些对劳动者安全、健康不利的因素。为了预防伤亡事故的发生,保护劳动者的安全健康,每个劳动者都必须自觉遵守各种安全制度和操作规范常识。

一、结合生产工作特点,学习相关安全操作常识

生产车间、场所、作业现场要遵循"轮加罩、轴带套、台加栏、洞加盖"原则,防止轮、轴、洞、台等处的被卷入、甩落、滑倒等事故的发生。

窖池、阴井、下水道、发酵池、化浆池、水井等可能有气体沉积的场所、场地,施工、作业时要采取防毒措施,注意使用防毒面具,并做好通风等工作。如发现有人中毒,切不可在无任何防范保护措施情况下盲目施救。

锅、容、管、特等特种设备、设施的安全必须符合检验、维修、使用等有关规定,经常检查保养,专人持证操作。

自备发电机组操作人员要经过专门培训,持证上岗;机房、配电房内不得存放柴油、汽油等;废气必须排放在室外。

气焊作业的单位,乙炔、煤气等气瓶必须与氧气瓶隔离。

不得将未经处理的带空气、水等容器类金属投入熔炉冶炼。

不得把220 V电源直接接入各类机床照明设备。

油库设置必须符合消防规范,严禁用汽油直接清洗金属产品。

在没有任何防护措施的情况下，不得移动、维修带电设备。

严禁制造、安装、使用、乘坐土制货梯（升降机）。

二、岗位操作安全

1. 上岗操作前要"一想、二查、三严"

一想：当天生产中有哪些不安全因素，以及如何处理。

二查：查工作场所、机械设备、工具材料是否符合安全要求，有无隐患；再查自己的操作是否会影响周围人的安全。

三严：严格遵守安全制度；严格执行操作规程；严格遵守劳动纪律。

2. 遵守安全操作规程

安全操作规程是工人操作机械设备和高精度仪器仪表，以及从事其他作业必须遵守的程序，它是企业安全生产规章制度的重要内容。

3. 严禁违章作业，拒绝冒险作业

机械设备转动部位必须装好防护罩才允许工作。机械运转状态下，不得擅自离开，置机械于无人管理状态。不准对运转的机械装置进行清理、加油或修理。如若清理、加油或修理机械装置、电器等，必须切断电源，停机后进行。

不得将手伸入压力机械施压部位（特别是冲床）。操作旋转机床不允许戴手套或用物代替规定的工具作业。

及时报废更新工具。

不准用汽油清洗工作台。学会使用灭火器械。

不穿戴不符合安全要求的劳动保护用品。

下班离岗时要仔细清查岗位有关电源、产品、半成品、原料等的安全状况。要把易燃物品搬离电动机、照明灯、热源等处。

三、以作业前、作业中、作业结束为例

劳动安全问题存在于多个领域的生产环节：设备操作、检（维）修作业、交通运输、动火作业、有限空间作业、高处作业、吊装作业、防止火灾、电气安全、装卸搬运安全、事故应急处理等。以设备操作为例，我们在实际生产劳动过程中，可以从作业前、作业中、作业结束三个环节，来保障生产劳动安全。

作业前，要思考和确认操作注意事项，如操作装载机、叉车前要先了解安全操作规程，回顾类似操作过程中曾经发生过的错误和事故，以避免其再次发生；按生产区域要求穿戴工作服、安全帽；严禁携带火种进入生产装置区域，在禁止使用手机的区域要关闭手机；了解将要进行的工作中所接触的危险化学品的情况和设备状况；在进入特定操作岗位或进行特定操作前准备好个人防护用品并规范佩戴。

作业中，要严格遵守有关安全管理制度、安全操作规程；规范使用劳动保护用品和防护器材（防护眼镜、手套、口罩等）；专心工作，严禁睡岗和阅读与工作无关的书、报等，严禁利用计算机和手机聊天、听音乐、玩游戏、看电影、看小说等；工作中严禁喝酒，酒后不得上岗；严禁野蛮操作，严格按工作要求规范操作；做好相关的数据记录，做到字迹清晰、数据真实可

靠;检查和确认曾经出现过错误的操作步骤和发生过事故的同类设备;及时向部门、上级负责人汇报不安全状况和行为;注意生产区域中的各类警示标牌;在使用设备前,最好对所使用的设备进行一次试运行,以确认其性能良好;(设备点检时)按时认真进行巡回检查,准确分析、判断和处理生产过程中的异常情况,安全隐患并做好记录,若处理有困难立即向班组长汇报;遵守劳动纪律,不违章作业并劝阻或制止他人违章作业;对违章指挥有权拒绝执行。

  作业结束后,必须在确认关闭设备不会对其他岗位或车间产生影响后,再关闭不使用的设备,并切断电源;将使用过的工具放回指定的位置;清洁工作区域,将生产中产生的各类废弃物存放到指定位置;关闭暂停使用的真空、物料等工艺管道;认真执行交接班制度,做好交接班工作,认真检查岗位设备、设施以及安全、应急、消防等设施是否完好。

学习单元五　安全救护知识及应急处理预案

  出现安全事故,作为个人,安全应急与处理的基本原则有:①保持镇静,趋利避害;②学会自救,保护自己;③ 想方设法,不断求救;④ 记住四个电话——119 火警电话、110 报警电话、122 交通事故报警电话、120 急救电话,打电话时不要慌张,应保持清醒,说清楚地点、相关情况,及现场周围显著的特征等。

一、不同类型事故的处理办法

1. 触电伤害

  触电伤害主要形式分为电击和电伤两大类。电击是指电流通过人体内部器官时,破坏人的心脏、肺部、神经系统等,使人出现痉挛、呼吸窒息、心颤、心搏骤停甚至死亡。电伤是指电对人体外部造成局部伤害,即由电流的热效应、化学效应、机械效应对人体外部组织或器官的伤害,如电灼伤、电烙印。

  当发生触电事故时应做如下处理:首先,立即切断电源。用绝缘的物体,如干燥的木棒、竹竿、绝缘手套等,将电线移开,使人体脱离电源。必要时可用绝缘工具(如带绝缘柄的电工钳、木柄斧头等)切断电线,以切断电源。对于高压触电,立即通知有关部门停电。千万不要用手直接去拉触电的人。其次,通知危险区域人员撤离,迅速报告领导,通知安全员,同时拨打 120。在对触电者实施救援时,如果触电者神志清醒,但感乏力、头昏、心悸、出冷汗,应使其就地安静休息,减轻心脏负担,加快恢复,如果触电者昏迷,呼吸、心跳尚存在,应将病人仰卧,周围空气要保持流通,注意保暖,并做心肺复苏的准备工作;如触电者处于"假死"状态,应立即针对不同类型的"假死"进行对症处理,如心脏复苏等,抢救至医护人员到达。最后,事故发生至现场恢复期间,应封锁现场,防止无关人员进入现场发生意外。

2. 突发中暑

  中暑分为先兆中暑、轻症中暑以及重症中暑三种类型。先兆中暑:在高温环境中,出现头晕、无力、心慌、眼花、气短、耳鸣、恶心、大量出汗、注意力不集中、全身疲乏、体温略高(小于 37.5 ℃)等情况,在离开高温作业环场进入阴凉通风的环境后,短期休息即可恢复正常。轻症中暑:除有先兆中暑症状外,出现早期循环功能紊乱,包括面色潮红、烦躁不安或表情淡漠、恶心呕吐、大汗淋漓、肤湿冷、脉搏细弱、血压下降、心率加快等表现,体温升高在 38 ℃以上;通常休息后体温可在 4 h 内恢复正常。重症中暑:除以上症状外,出现昏倒或痉挛,或皮肤干燥无汗,体温在 40 ℃ 以上。

面对中暑患者的应急处理:第一步,搬移。迅速将患者抬到通风、阴凉、干爽的地方,使其平卧并解开衣扣、领带等,松开或脱去衣服,如衣服被汗水湿透,应更换衣服。第二步,降温。患者头部可捂上冷毛巾,可用冰水或冷水进行全身擦浴,然后用扇子或电扇吹风,加速散热。有条件也可用降温毯给予降温、涂抹或服用解暑药物等。但不要快速降低患者体温,当体温降至 38 ℃ 以下时,要停止一切冷敷等强降温措施。第三步,补水。患者仍有意识时,可饮一些清凉饮料,在补充水分时,可加入少量盐或小苏打。注意要小口慢饮,千万不可急于补充大量水分,否则会引起呕吐、腹痛、恶心等症状。第四步,促醒。若患者呼吸停止,应立即实施人工呼吸进行抢救。第五步,转送。对于重症中暑病人,必须立即送往医院救治。搬运病人时应用担架运送,不可使患者步行。同时运送途中要注意,尽可能地用冰袋敷于病人额头、枕后、胸口、肘窝及大腿根部,积极进行物理降温,以保护大脑、心肺等重要脏器。

3. 身体创伤

创伤分为开放性创伤以及闭合性创伤。

对于开放性创伤的处理,用生理盐水和酒精棉球,将伤口和周围皮肤上的污物清理干净,并用干净的纱布吸收水分及渗血,再用酒精等药物进行消毒。若没有条件消毒,可用自来水冲洗,然后用干净的布或敷料吸干伤口。对于出血不止的伤口,可采取直接压迫,用手掌按住敷料直接压在开放性伤口的整个区域;抬高肢体,对于手、臂、腿部严重出血的开放性伤口,都应抬高,使受伤肢体高于心脏水平线;压迫供血动脉,手、臂和腿部伤口的严重出血,如果应用直接压迫和抬高肢体仍不能止血,就需要采用压迫点止血技术;包扎,使用绷带、毛巾、布块等材料压迫止血,保护伤口,减轻疼痛。

对于闭合性创伤的处理,较轻的闭合性创伤,如局部挫伤、皮下出血,可在受伤部位进行冷敷,以防止组织继续肿胀,减少皮下出血。如人员发生从高处坠落或摔伤等意外时,要仔细检查其头部、颈部、胸部、腹部、四肢、背部和脊椎,看看是否有肿胀、青紫、局部压疼、骨摩擦声等其他内部损伤,假如出现上述情况,应立即拨打 120,不能对患者随意搬动,否则,可能造成患者神经、血管损伤并加重病情。

4. 机械伤害

机械伤害发生时,安全事故发现者首先要关停机械设备(如条件允许则进行断电处理)并高声呼喊,传递事故信息,其他人员拨打 120 并向上级报告。附近人员应对受伤人员实施抢救,并及时将伤员转送医院。

抢险人员要穿戴好必要的应急装备(工作服、工作帽、手套、工作鞋、安全绳等),以防止抢险救援时受到伤害。抢险过程中,抢险人员应保持通信联络畅通,在抢险人员撤离前,监护人员不得离开监护岗位,做好现场保护等待调查处理。

遇有创伤性出血的伤员,应迅速包扎止血,并注意保暖。①一般小伤口的止血法:先用生理盐水冲洗伤口,涂上碘伏,然后盖上消毒纱布,用绷带较紧地包扎。②加压包扎止血法:用纱布、棉花等做成软垫,放在伤口上再加包扎,来增强压力而达到止血目的。③止血带止血法:选择弹性好的橡皮管、橡皮带或三角巾、毛巾、带状布条等,上肢出血结扎在上臂上 1/2 处(靠近心脏位置)。下肢出血结扎在大腿上 1/3 处(靠近心脏位置)。结扎时,在止血带与皮肤之间垫上消毒纱布棉垫,每隔 25～40 min 放松一次,每次放松 0.5～1 min。动用最快的交通工具或其他措施,及时把伤者送往邻近医院抢救,运送途中应尽量减少颠簸,同时密切注意伤者的呼吸、脉搏、血压及伤口的情况。

5. 烧伤及烫伤

发生灼烫事故,应迅速使烧烫伤人员脱离现场,如条件允许,剪掉受伤人员身上的衣服,检查有无损伤,并把伤员及时送医院救治。

冲:在烫伤之后立即将受伤部位在凉水下进行冲洗,清洗油脂,带走热量。

脱:将受伤部位所覆盖的衣物脱下来,减少轻污染物在皮肤上的存留时间。

泡:将受伤部位在冰中浸泡 10～20 min,疼痛较剧烈,可达到 30 min,减轻受伤部位的疼痛感,疏散热源。

盖:选取干净纱布或干净的毛巾覆盖伤口。

送:尽快送至医院治疗。避免使用不正规方法处理伤口,加重伤口污染,导致感染加重。

6. 有毒气体中毒

毒物按化学结构的不同分为有机物、无机物;按形态的不同分为气体、固体;按致毒作用分为刺激性、窒息性、麻醉性、致热源性、腐蚀性、致敏性毒物。

对于急性中毒者,首先要移离中毒现场,至空气新鲜场所给予吸氧,进行人工呼吸。要脱除被污染的衣物,用流动的清水及时冲洗皮肤,时长一般不少于 20 min,并考虑选择适当中和剂做中和处理。毒物溅入眼睛或引起灼伤,要优先迅速冲洗。

必须保护中毒者的呼吸道通畅,防止梗阻。密切观察中毒者的意识、瞳孔、血压、呼吸、脉搏等生命体征,发现异常立即处理。

误食毒物应立即给中毒者服下如鸡蛋白、牛奶和食用油等,然后用手指伸入其喉部使其呕吐。

有毒物质落在皮肤上,可参照化学灼伤的处理方法予以处理后送医院治疗。

二、现场急救基本知识

1. 现场急救概述

生产现场急救,是指在劳动生产过程和工作场所发生的各种意外伤害事故中,急性中毒、外伤和突发危重病员等,在没有医务人员时,为了防止病情恶化、减少病人痛苦和预防休克等所应采取的一种初步紧急救护措施,又称院前急救。

2. 现场急救步骤

脱离险区,首先要使伤病员脱离险区,移至安全地带,如,将因滑坡、塌方砸伤的伤员搬运至安全地带;对急性中毒的病人应尽快使其离开中毒现场,搬至空气流通区域;对触电的伤者,要立即解脱电源;等等。

检查病情,现场救护人员要沉着冷静,切忌惊慌失措。应尽快对受伤或中毒的伤病员进行认真仔细检查,确定病情。检查内容包括:清醒程度、气道是否通畅、有无呼吸、受伤部位及状况、有无大出血。

对症救治,根据迅速检查出的伤病情,立即进行初步对症救治。在救治时,要注意纠正伤病员的体位,有时伤病员自己采用的所谓舒适体位,可能促使病情加重或恶化,甚至造成死亡,如被毒蛇咬伤下肢时,要使患肢放低,绝不能抬高,以减低毒汁的扩延;上肢出血要抬高患肢,防止增加出血量;等等。救治伤病员较多时,一定要分清轻重缓急,优先救治伤重垂危者。

安全转移,对伤病员要根据不同的伤情,采用适宜的担架和正确的搬运方法。在运送伤病员的途中,要密切注视伤病情变化,并且不能中止救治措施,将伤病员迅速而平安地运送到医院做后续抢救。

3. **注意事项**

注意现场安全,重视"先脱险再救人"。从正面接近伤病员,表明身份,安慰伤病员,说明将采取的救护措施。避免盲目移动伤者,避免再损伤。除非必要,不要给伤病员任何饮食或药物。注意保护警方需要的现场证物。及时报告有关部门,寻求援助。

情境单元　案例解析

【案例 5.1】

2023 年 8 月 4 日 11 时 40 分,某工厂维修工段同志到除尘泵房防洪抢险。泵房内积水已达膝盖深。为了排水,其用铲车铲来两车热渣子把门口堵住,然后往外抽水。安装好潜水泵刚一送电,将在水中拖草袋的同志电倒,水中另外几名同志也都触电,挣扎着从水中逃出来。

在场人员一意识到潜水泵出了问题,马上拉闸,把其中触电较重已昏迷的岳某抬到值班室的桌子上,立即进行胸外心脏按压抢救。抢救过程中,听见岳某嗓子里有痰流动的声音,马上人工吸痰;再次按压时,岳某口内又流出痰,救助人员又一次将痰吸出。经胸外心脏按压抢救,岳某终于喘过气来,脱离危险。

事故原因分析

虽然通过胸外心脏按压和人工吸痰保证了遇险者呼吸道畅通并最终得救,但此案例也存在相应问题。

安全意识不足:在防洪抢险紧急情况下,维修人员过于仓促,未能充分考虑潜水泵的安全使用问题。

操作不规范:电工在接线时未能准确区分电缆接线颜色,导致零线误接相线,引发漏电事故。

应急准备不足:虽然最终抢救成功,但事故发生时现场缺乏必要的应急设备和专业人员,增加了救援难度和风险。

防范措施

应当加强电气安全管理和培训,提高电工和相关人员的安全意识和操作技能。在使用潜水泵等电气设备时,应严格遵守安全操作规程,确保设备在干燥、通风良好的环境中使用。加强应急准备,配备必要的应急设备和专业人员,确保在事故发生时能够迅速、有效地进行救援。定期对电气设备进行检查和维护,及时发现并消除安全隐患。

【案例 5.2】

2018 年 1 月 11 日 9 时 20 分,刘某及孟某等人在筛选楼维修皮带尾两侧护板时,孟某发现皮带机机尾处底带上有一个锚盘,在未停机的情况下,就用铁棍欲投出未果,刘某就接过孟某手中的铁棍,伸手投锚盘,不慎被运转的皮带机尾滚筒将手臂卷入,造成肩部拉伤并挤伤头部,送医院后抢救无效死亡。经鉴定系颅脑严重损伤致死。

事故原因分析

直接原因:死者刘某违章操作,在明知未停机的情况下伸手投底带上的锚盘,是造成事故的直接原因。

间接原因:①安全管理不到位,工区管理安排工作不全面,疏于对作业人员的监督检查。②对职工的安全教育不够,现场施工人员安全意识淡薄,自保、互保、联保意识差。③安全管理制度落实不力,在检修设备期间或发现运行异常及处理故障时未执行停机停电制度。

【案例5.3】

2016年2月2日上午,某化工公司为避高峰停电,按常规将3台电炉都投入了正常生产。值班电工李某在巡岗检查时发现,距地面2.5 m高处的2#电炉高压室35 kVA电流互感器上有异常声音。从高压室返回后便将此情况向班长王某做了汇报。班长王某没有做任何安排,便自己拿了手套去了2#电炉高压室,李某见班长王某前去2#电炉高压室,随即也跟了上去。王某经过变压器房顺便停了变压器排风扇,就径直走向2#电炉高压室,爬上支撑互感器的铁架第二层(距地面1.7 m),左手抓在支架的顶层角铁上,就用右手试探互感器。因室内光线较暗,王某叫李某把灯拉开,李某转身开灯时,忽然听到王某的叫喊声,李某发现王某已被吸上了35 kVA电流互感器并产生了弧光。李某见状急喊该电炉配电工停电,配电工听到喊声后立即停了电,此时王某从支架上坠落下来,着地时头部撞在墙角一水泥盖板上,致伤。现场发现王某的右手背及双脚有被电击的伤痕。见伤势较重,该公司当即将王某送往医疗中心。

事故原因分析

个人安全意识差和专业技术素质低是导致这次事故发生的主要原因。从事故发生的经过来看,王某自始至终没有一点安全意识,操作过程实属严重的违章操作。

从这次事故的调查中发现,该公司在用电管理上自始至终未按用电安全操作规程办事,这是这次违章操作事故发生的重要原因。

防范措施

该化工公司应认真吸取因管理不到位而酿成这次事故的惨痛教训,切实从管理入手,严格按章操作,杜绝违章现象。强化职工专业技术培训和安全教育,提高职工操作知识水平和自我安全防护意识。

【案例5.4】

2019年3月21日14时48分许,某公司化学储罐发生爆炸事故,波及周边16家企业,造成800多人伤亡,直接经济损失19.86亿元。2020年11月30日,法院对涉案的7个被告单位和53名被告人依法判处刑罚。

事故原因分析

经调查,此次爆炸事故的直接原因是旧固废库内长期违法贮存的硝化废料自燃引发爆炸。该公司无视国家环境保护和安全生产法律法规,违法贮存、违法处置硝化废料,企业管理混乱。

防范措施

通过此案例我们可以看出,法律法规要严格遵守,从自己的岗位职责出发,及时控制危险源,排查并消除安全隐患,切实提高安全意识,从而提高发现风险、应对风险和化解风险的能力。只有确保每个环节都符合规范,才能避免类似的悲剧再次发生。

法律篇

第六模块　劳动权益保护

学习单元一　劳动权益基本内容

劳动权益是指劳动者作为人力资源的所有者,在劳动关系中,凭借从事劳动或从事过劳动这一客观存在获得的应享有的权益,包括平等就业和选择职业的权利、取得劳动报酬的权利、休息休假的权利、获得劳动安全卫生保护的权利、接受职业技能培训的权利、享受社会保险和福利的权利、提请劳动争议处理的权利以及法律规定的其他劳动权利等。

一、平等就业权

劳动者有平等就业的权利,是指具有劳动能力的公民,有获得职业的权利。劳动是人们生活的第一个基本条件,是创造物质财富和精神财富的源泉。劳动就业权是有劳动能力的公民获得参加社会劳动和按劳取酬的权利。公民的劳动就业权是公民享有其他各项权利的基础。如果公民的劳动就业权不能实现,其他一切权利也就失去了基础。

1. 就业准入和就业退出的权利平等

所谓就业准入和就业退出的权利平等,是指劳动者依法享有的平等进入劳动力市场就业和平等退出劳动力市场的各项权利的总称。就业准入制度,是指根据《劳动法》和《职业教育法》等有关规定,对进入劳动力市场的劳动者及用人单位规定一定规则的各项制度的总称。平等的就业准入旨在创造一种"起点平等"的就业环境,平等的就业退出则在结果上保护劳动者享有平等就业权。对劳动者而言,平等的就业准入和就业退出的权利涵盖了就业年龄、职业资格、就业身份等,但其核心准入标准还在于就业身份平等。

2. 就业权利平等

所谓就业权利平等,是指在就业准入和退出权利平等的基础上,劳动者依法享有的平等就业权利,主要包括依法赋予劳动者平等就业的权利和禁止立法歧视两个方面。

3. 就业机会平等

就业机会平等在其本质上讲,是一种过程的机会平等。在这个过程中,利益的实现是一个不断追求的过程,相应地,与平等就业相关的主体要为所有社会成员提供同样的机会。

二、自主择业权

劳动者有选择职业的权利。自主择业权,也即自由择业权、免于强迫劳动权,是指劳动者根据自己的意愿选择适合自己才能、爱好的职业。劳动者拥有自由选择职业的权利,有利于劳动者充分发挥自己的特长,促进社会生产力的发展。劳动者在劳动力市场上作为就业的主体,具有支配自身劳动力的权利,可根据自身的素质、能力、志趣和爱好,以及市场资讯,选择用人单位和工作岗位。选择职业的权利是劳动者劳动权利的体现,是社会进步的一个标志。自主择业权主要包括以下几个方面的内容:

1. 劳动者有就业和不就业的权利

劳动者作为一个自然人有着最基本的人身自由,对自己有着最深刻的了解,能够用自己的方式实现自己的人生价值,当劳动者决定就业时,任何组织和个人不得阻挠,当劳动者决定不就业时,任何组织和个人也不得强迫其就业。

2. 劳动者有选择职业的权利

世界上每两个人都不可能完全一样,正如其兴趣爱好、人生理想、世界观、人生观、价值观不可能完全一样,每个劳动者对自己的职业规划也不可能完全相同,只有这样才能实现人力资源的优化配置。所以劳动者能够自己决定从事什么职业,任何人不得强迫劳动者从事某一种职业。

3. 劳动者有选择雇主的权利

不同的雇主有不同的经营和工作理念,劳动者为了自己职业发展的需要能够自由决定选择一个工作理念适合自己的雇主,而不受他人的干涉。

4. 劳动者有放弃不满意的职业而另行选择职业的权利

当劳动者发现自己正在从事的工作不适合自己或者有其他原因想放弃自己现在的工作而去从事另一份工作的时候,可以根据法律的规定与用人单位进行协商,任何组织和个人不得违反法律强迫劳动者继续劳动。

三、劳动报酬权

随着劳动制度的改革,劳动报酬成为劳动者与用人单位签订的劳动合同的必备条款。劳动者付出劳动,依照合同及国家有关法律取得报酬,是劳动者的权利。而及时定额地向劳动者支付工资,则是用人单位的义务。用人单位违反这些应尽的义务,劳动者有权依法要求有关部门追究其责任。

劳动报酬权包括劳动报酬协商权、劳动报酬请求权、劳动报酬优先权三方面的内容。

劳动报酬协商权是从劳动报酬决定机制这一角度对劳动报酬权的法律保护展开探讨。劳动报酬协商权是指在国家法律的保护和约束下,劳动者与雇主之间,或者劳动者通过工会组织与雇主或雇主组织之间,就劳动报酬问题进行个别协商或者集体协商的权利,是保护劳动报酬权的起点。劳动报酬协商权包括劳动报酬个别协商权和劳动报酬集体协商权。劳动报酬协商权的行使必须建立在意思自治和主体平等的基础上。在现实中,劳动者劳动报酬协商权的行使因一些客观原因受到限制,因此,应当针对劳动报酬协商权的不同形式,加强以最低工资制度为基础的劳动报酬个别协商权的法律保护和以劳工联合为基础的劳动报酬集体协商权的法律保护。如我国《劳动合同法》第十一条规定:"用人单位未在用工的同时订立书面劳动合同,与劳动者约定的劳动报酬不明确的,新招用的劳动者的劳动报酬按照集体合同规定的标准执行;没有集体合同或者集体合同未规定的,实行同工同酬。"

所谓劳动报酬请求权是劳动者享有要求雇主支付劳动报酬的权利。劳动报酬请求权是劳动报酬权最重要的内容,是劳动报酬协商权和劳动报酬优先权的基础,其要点有三个:一是劳动者在付出正常劳动的情况下,依法享有要求雇主支付劳动报酬的权利。这又包含了三个方面：①劳动者享有获得公平(公正、合理、适当)劳动报酬的权利；②劳动者享有获得同工同酬的权利；③劳动者享有获得最低工资标准的权利。在上述三个要素中，最低工资权是基础，因为无论是公平劳动报酬权还是同工同酬权，都必须建立在最低工资权的基础上。违反最低工资标准的约定一律无效。同工同酬权是一项基本原则，但同工同酬不是不分工作能力、贡献和价值的绝对平等，更不是人人都领取法定的最低工资，必须建立一个公平的标准。公平分配是劳动报酬权的核心，是劳动法追求的终极目标。二是在法定的特殊情况下，即使未付出劳动，劳动者也享有要求雇主继续支付劳动报酬的权利。如劳动者因为工伤而暂时无法参加劳动，雇主不仅需要支付劳动者医药费，同时还要按时支付劳动者工资和奖金。三是在雇主违反了法定或约定的劳动报酬支付义务的情况下，劳动者有权要求雇主继续履行，支付逾期付款的利息。如用人单位支付给劳动者的报酬低于当地的最低工资标准，劳动者则有权要求用人单位进行赔偿。如果用人单位拒不支付劳动者的报酬，劳动者则可以要求解除劳动合同并且要求赔偿。我国《劳动合同法》第三十八条规定，用人单位未及时足额支付劳动报酬的，劳动者可以解除劳动合同。第八十五条规定："用人单位有下列情形之一的，由劳动行政部门责令限期支付劳动报酬、加班费或者经济补偿；劳动报酬低于当地最低工资标准的，应当支付其差额部分；逾期不支付的，责令用人单位按应付金额百分之五十以上百分之一百以下的标准向劳动者加付赔偿金：（一）未按照劳动合同的约定或者国家规定及时足额支付劳动者劳动报酬的；（二）低于当地最低工资标准支付劳动者工资的；（三）安排加班不支付加班费的；（四）解除或者终止劳动合同，未依照本法规定向劳动者支付经济补偿的。"

所谓劳动报酬优先权，是指在雇主破产、清算等无支付能力的条件下，劳动者对于破产、清算前应得的劳动报酬，享有先于其他一般债权甚至担保物权受偿的权利。确立劳动报酬优先权的目的在于破除债权平等原则，保证工资债权能够先于其他债权获得清偿：（一）破产人所欠职工的工资和医疗、伤残补助、抚恤费用，所欠的应当划入职工个人账户的基本养老保险、基本医疗保险费用，以及法律、行政法规规定应当支付给职工的补偿金；（二）破产人欠缴的除前项规定以外的社会保险费用和破产人所欠税款；（三）普通破产债权。破产财产不足以清偿同一顺序的清偿要求的，按照比例分配。破产企业的董事、监事和高级管理人员的工资按照该企业职工的平均工资计算。

四、社会保险权

社会保险权，又称为劳动保险权或社会福利保险权，是指劳动者由于年老、疾病、失业、伤残、生育等原因失去劳动能力或劳动机会而没有正常的劳动收入来源时，通过国家社会保障制度获得物质帮助的权利。社会保险权在现代社会具有十分重要的意义，它是现代经济社会发展的客观要求，是社会公平价值在社会立法和劳动立法中的体现。我国的社会保险项目有：养老保险、失业保险、工伤保险、医疗保险和生育保险等。

社会保险权的内容主要包括社会保险项目、基金来源、享有主体、给付条件、给付标准、给付期限等内容。

五、劳动安全权

劳动安全权，又称职业安全权、劳动安全卫生权，是指劳动者依法享有的在劳动的过程中保障其生命安全和身体健康的权利。劳动安全权是维护劳动者生存权和健康权的必然要求,也是生产发展的客观要求和提高劳动生产率的重要手段。劳动安全的概念,有广义和狭义两种理解。从广义上来说,劳动安全是指有关劳动者劳动权益保护的全部内容,包括工资、工时、劳动条件、心理适应、工作稳定、劳动保险以及参加民主管理等,这些都具有劳动安全的性质;狭义上的概念是指在劳动过程中劳动者所保持的安全和健康状态以及所采取的有关保护措施。劳动安全权是劳动权体系中的重要权利,体现了劳动法所调整的劳动关系的本质属性和要求。劳动者实现此项权利的基本手段就是国家立法,制定劳动安全卫生法规,明确用人单位和相关主体的法定义务,强化政府行政执法能力,使劳动者由传统劳动安全法上的被动受益主体转变为主动权利主体,并实现安全卫生立法指导思想和理念上的转变。

在劳动安全权的内容方面,我国劳动者享有的劳动安全权主要包括:

1. 安全卫生环境条件获得权

安全卫生环境条件获得权即劳动者有在安全和卫生的生产环境中从事劳动的权利。根据这项权利,用人单位必须建立健全劳动安全卫生制度,严格执行国家安全卫生标准,安装安全卫生设施,使劳动工具、劳动场所和劳动环境保持安全和卫生的状态。

2. 取得劳动保护用品的权利

有些劳动场所和岗位,即使按照国家规定符合安全卫生标准,但实际上也难以完全实现对劳动者的保护,因此,法律规定,对特定场合、岗位、职业的劳动者,用人单位应当提供必要的劳动保护用品。

3. 获得法律规定的休息时间的权利

为了使劳动者能够恢复体力和脑力,《劳动法》规定了严格的工作时间和休息时间,并通过严格限制加班时间和延长劳动时间的规定,保证该项权利的实现。

4. 定期健康检查权

为了切实保护劳动者的身体健康,《劳动法》规定,对从事有职业性危害作业的劳动者,用人单位应当定期进行健康检查。因此,定期健康检查是劳动安全权的具体内容之一。

5. 依法获得特殊保护的权利

我国《劳动法》规定,国家对女职工和未成年工实行特殊劳动保护。因此,享有法律规定的特殊保护的各项待遇和条件,是女职工和未成年劳动者劳动安全权的重要内容。

6. 拒绝权

为了保护劳动者的生命健康和身体健康不受人为因素的侵害,我国《劳动法》还确立了以保障劳动者切实实现劳动安全权的拒绝权。如劳动者对用人单位管理指挥人员违章指挥,强令冒险作业,有权拒绝执行;用人单位安排女职工和未成年劳动者从事国家规定禁忌范围劳动时,女职工和未成年劳动者有权拒绝接受;等等。这都是劳动者拒绝权的具体表现。

六、社会保险和福利权

社会保险和福利权是指劳动者享有社会保险和福利的权利。社会保险是劳动力再生产的客观需要。我国《劳动法》规定劳动保险包括：养老保险、医疗保险、工伤保险、失业保险、生育保险等。

七、职业培训权

职业培训权是指劳动者获得职业培训和教育的权利。它对劳动者更好地实现劳动权，实现劳动报酬权具有显著的意义。正如冯彦君教授所指出的，职业培训能够间接地为劳动者带来利益，因为职业培训有助于增强劳动者的就业竞争能力，扩大择业领域，获取较高的劳动报酬，并可以减少职业伤害。职业培训的主要形式包括技能培训、劳动预备制度培训、再就业培训和企业职工培训。依据职业技能标准，培训的层次分为初级、中级、高级职业培训和其他适应性培训。培训工作主要由技工学校、就业训练中心、社会力量办学等各级各类职业培训机构承担。

八、劳动争议处理权

劳动者有提请劳动争议处理的权利。劳动争议是指劳动关系当事人，因执行《劳动法》或履行集体合同和劳动合同的规定引起的争议。劳动关系当事人，作为劳动关系的主体，各自存在着不同的利益，双方不可避免地会产生分歧。用人单位与劳动者发生劳动争议，劳动者可以依法申请调解、仲裁，提起诉讼。劳动争议调解委员会由用人单位、工会和职工代表组成。劳动仲裁委员会由劳动行政部门的代表、同级工会、用人单位代表组成。解决劳动争议应该贯彻合法、公正、及时处理的原则。

学习单元二　劳动权益保护意识培养

毕业生在求职过程中想要应用法律对自身的权益进行保护，自身必须坚定树立法律意识和契约意识，包括对企业、对学校以及对自身的维权意识和诚信意识。

一、提高大学生法律意识，形成维权意识

造成大学生权益受损的一个主要原因就是大学生法律意识薄弱、自我防范意识不强等。大学生自身要增强法律意识，尤其是要学习国家劳动就业政策和劳动法律法规，从而提高在就业时运用法律手段来维护自己权益的能力。关于法律意识和维权意识的提高可以从多种途径入手，如高校可以加强大学生在校期间法律意识的培养，指导大学生阅读、学习大学生法律基础、劳动法、合同法等相关法律知识，并通过典型的案例分析来加强大学生对法律的了解，从而能用适当的法律手段来维护自己的合法权益。大学生就业中的劳动权益体现在方方面面，如实习期、试用期以及转正后的合同签署的不同说明。企业应提供同工同酬的用人标准以及正常劳动后所获报酬不得低于当地劳动法规定的最低薪酬标准的权益。另外大学生自己也要具备自我保护和维权意识，在与用人单位发生劳动纠纷时，可以自行分析各种权益的关系，运用法律手段来维护自身权益。

二、加强对用人单位的监管力度

大学生在与用人单位签订合同后受就业形势的影响，用人单位只关注自身的利益劳动

合同应该是明确双方权利和义务的协议。遵循合法、公平平等自愿、协商一致诚信信用的原则,不能忽视劳动者的权益相关部门要规范就业市场加强监管力度。从而保障大学生的合法权益,以免出现劳动纠纷无人管理的现象相关部门要制定相应的行政法理来提范大学生和用人单位的合法权益。用人单位要提高相关的法律意识,严格遵照法律法规来制定劳动合同,在维护单位合法利益的同时要保护大学生的合法权益。有关部门要对侵犯学生权益的单位进行统计与记录,并建立诚信档案,大学生在就业时可以作为参考。

三、学校课程调整

学校作为学生出入以及生活最多的场所,是最应加强对学生权益保护意识的教育的。学校应当将就业权益保护意识融入平时的课堂中以及生活知识的普及中,加强人才培养意识,在当前开设的就业指导课中,不能仅教授学生求职技巧和制作简历技巧,应当重视对就业权益保护以及相关法律法规的普及。学校应该注意调整就业指导课体系,有针对性地对学生进行自身劳动法律意识的培养,提高学生就业权益保护意识,尤其在课程设置时,应当着重教会学生按照法律规定的方式进行维权,让学生能够知法、守法、用法。

学习单元三 劳动相关法律

侵害大学毕业生合法权益的案例依然存在,但不少即将走上工作岗位或者已经走上工作岗位的大学生,对劳动和社会保障方面的法律知识知之甚少。无论是实习,还是就业,积累一定的法律知识是必不可少的。

一、试用期与见习期/实习期

当今,大学生在校期间与用人单位建立劳动关系的现象越来越多,在校生在建立劳动关系的同时,应了解一些关于劳动关系的法律知识。

(一)试用期与见习期/实习期的区别

有的毕业生经常询问试用期与见习期/实习期有何不同,有的在实习期间与单位发生纠纷,常常是因为不理解这两个概念的含义。

所谓"试用期",是企业跟个人签订劳动合同后,员工在一定时间内考量该工作形式是否符合自己的预期要求,而且企业也会在该时间内对员工的业绩进行评估,是双向观察方式。有无试用期和试用期的长短,由用人单位和劳动者商议。毕业生若签了就业协议,会在就业协议中进行约定。

所谓"见习期/实习期",并非法律上的概念,一般是专指尚未毕业的学生到用人单位进行的社会实践活动。根据我国有关法律规定,学生在用人单位见习/实习期间,与用人单位还不是劳动关系,因此,二者之间问题的解决依据尚不能援引《劳动法》。

"见习期/实习期"与在法律上明确规定的"试用期"不同,并不是法律层面的概念。见习期/实习期一般是指行政、事业单位在人事制度的框架下对应届毕业生进行业务适应及考核的一种制度。从性质上看,见习期/实习期也是一种试用期,只不过它并不是劳动法意义上的企业与员工之间的"试用期"。比较宽容的单位将未毕业应聘者的实习期算进试用期,这样学生一旦毕业就可以直接转正,从某种方面来说能够令新进员工产生对公司的信任。一些用人单位会和毕业生签订实习协议,对实习期间双方的权利义务进行规定。若需要学校签署意见的,也可以到学校签章确认。实习协议具有法律效力。就业协议是用人单位与求职人员之间签订的关于未来劳动聘用关系及劳动合同主要内容的书面文件。

(二)先签合同后试用

有的毕业生报到后和用人单位之间不签合同,用人单位只是先试用毕业生,实际上试用期应该包含在劳动合同之内。《劳动法》第十六条规定"建立劳动关系应当订立劳动合同",就是说无论是在劳动合同中约定试用期,还是劳动合同是无固定期限的,或是以完成一定工作为期限,企业应当最迟在员工开始为企业工作时就与员工签订劳动合同,而不是在试用期满后签订劳动合同。

签订劳动合同对于员工最大的意义就是使员工在提请劳动争议仲裁或者诉讼时有证据证明双方存在劳动关系和双方约定的工资待遇、劳动岗位和职责、劳动条件等内容,有利于明了和维护员工和企业的权益。个别企业利用劳动者的弱势和劳动者劳动法律知识欠缺,以"试用期"为由不与员工签订劳动合同,以达到随时解聘员工和在发生劳动争议时使员工手无"凭据"这两个目的。

二、解读劳动相关法律法规

劳动法是调整劳动关系以及与之密切联系的其他社会关系的法律规范的总称。它的基本内容包括劳动就业、劳动合同、工作时间和休息时间、劳动报酬、劳动安全与卫生、女工和未成年人的特殊保护、劳动纪律与奖惩、社会保障与劳动保险、职工培训、工会和职工参与民主管理、劳动争议处理程序,以及职业劳动法的监督和检查等方面。

中国在1994年通过了《劳动法》,并于1995年1月1日实施,这是狭义上的劳动法。广义上的劳动法还包括其他相关法律法规和司法解释。这些法律旨在保护劳动者的合法权益,调整劳动关系,建立和维护适应市场经济的社会劳动制度,促进经济发展和社会进步。

劳动者主要的权利包括平等就业和选择职业、获得劳动报酬、休息休假、劳动安全卫生保护、职业技能培训、社会保险和福利,以及提请劳动争议处理等。同时,劳动者也应当完成劳动任务、提高职业技能、遵守劳动纪律和职业道德。用人单位则应当依法建立和完善相关制度,以保障劳动者的权益。

各国劳动法的表现形式不同,但大都包括以下基本内容:劳动就业法、劳动合同法、工作时间和休息时间制度、劳动报酬、劳动安全与卫生、女工与未成年工的特殊保护制度、劳动纪律与奖惩制度、社会保险与劳动保险制度、职工培训制度、工会和职工参加民主管理制度、劳动争议处理程序以及对执行劳动法的监督和检查制度等。

劳动者权利上文已论述,在此只解读一下用人单位的权利。

1.依法建立和完善规章制度的权利

依法建立和完善规章制度的权利源于用人单位享有的生产指挥权,既然用人单位享有生产指挥权,所以用人单位有权根据本单位的实际情况,在符合国家法律、法规的前提下制定各项规章制度,要求劳动者遵守。

2. 根据实际情况制定合理劳动定额的权利

用人单位与劳动者签订劳动合同后，就获得了一定范围劳动者的劳动使用权，并有权限据实际情况给劳动者制定合理的劳动定额。对于用人单位规定的合理的劳动定额，在没有出现特殊情况时，劳动者应当予以完成。

3. 对劳动者进行职业技能考核的权利

用人单位有权对劳动者进行职业技能考核，并根据劳动者劳动技能的考核结果安排其适合的工作岗位和奖金薪酬。

4. 制定劳动安全操作规程的权利

用人单位有权根据劳动法中的劳动安全卫生标准，制定本单位的劳动保护制度，要求劳动者在劳动过程中必须严格遵守操作规程。

5. 制定合法作息时间的权利

用人单位享有根据本单位具体情况和对员工工作时间的要求，合法安排劳动者作息时间的权利。

6. 制定劳动纪律和职业道德标准的权利

为了保证劳动得以正常有序进行，用人单位有权制定劳动纪律和职业道德标准。劳动纪律是用人单位制定的劳动者在劳动过程中必须遵守的规章制度，这是组织社会劳动的基础和必要条件。职业道德标准是劳动者在劳动实践中形成的共同的行为准则，也是劳动者的职业要求。当然，制定劳动纪律和职业道德标准必须符合法律规范。

7. 其他权利

其他权利包括提请劳动争议处理的权利、平等签订劳动合同的权利等。

三、劳动合同的订立与解除

劳动合同订立是指劳动者和用人单位经过相互选择和平等协商，就劳动合同条款达成协议，从而确立劳动关系和明确相互权利义务的法律行为，也是国家强制要求必须订立的，以此来保障劳动者的合法权益。《劳动合同法》是为了完善劳动合同制度、明确劳动合同双方当事人的权利和义务、保护劳动者的合法权益而制定的法律，其主要目的是构建和发展和谐稳定的劳动关系。根据该法律，建立劳动关系时应当订立书面劳动合同，遵循合法、公平、自愿、协商一致、诚实信用的原则。劳动合同应当具备以下条款：用人单位的名称、住所和法定代表人或主要负责人；劳动者的姓名、住址和居民身份证或其他有效身份证件号码；劳动合同期限；工作内容和工作地点；工作时间和休息休假；劳动报酬；社会保险；劳动保护、劳动条件和职业危害防护；法律、法规规定应当纳入劳动合同的其他事项。

除了这些必备条款外，用人单位和劳动者还可以约定试用期、培训、保守秘密、补充保险和福利待遇等其他事项。该法律还规定，用人单位在招用劳动者时，应当如实告知劳动者工作内容、工作条件、工作地点、职业危害、安全生产状况、劳动报酬等关键信息，并保障劳动者的知情权和安全。此外，工会应帮助和指导劳动者与用人单位依法订立和履行劳动合同，维护劳动者的合法权益。

（一）劳动合同订立的主体

劳动合同是用人单位与劳动者之间关于劳动权利义务的重要依据。书面劳动合同是劳动者处理劳动争议的重要凭证。《劳动合同法》等规定，劳动者与用人单位所享有的劳动权利和承担的劳动义务不得与法律、行政法规的强制性规定相抵触。只有依法订立的劳动合同，才会受到法律的保护。劳动合同的当事人必须具有合法的主体资格。用人单位必须是依法成立的企业、个体经济组织、国家机关、事业组织和社会团体，只有这样的用人单位才有权签订劳动合同。另一方当事人劳动者也必须具备一定的资格、条件，最重要的就是达到法定的就业年龄，必须是年满16周岁，国家严禁用人单位招用未满16周岁的未成年人。

（二）劳动合同期限

《劳动合同法》第十九条规定："劳动合同期限三个月以上不满一年的，试用期不得超过一个月；劳动合同期限一年以上不满三年的，试用期不得超过二个月；三年以上固定期限和无固定期限的劳动合同，试用期不得超过六个月。同一用人单位与同一劳动者只能约定一次试用期。以完成一定工作任务为期限的劳动合同或者劳动合同期限不满三个月的，不得约定试用期。试用期包含在劳动合同期限内。劳动合同仅约定试用期的，试用期不成立，该期限为劳动合同期限。"

《劳动合同法》第十条规定："已建立劳动关系，未同时订立书面劳动合同的，应当自用工之日起一个月内订立书面劳动合同。"上述条款强制性地规定：单位在建立劳动关系之日起最迟应在"一个月"内订立书面劳动合同。如果用人单位自用工之日起超过1个月不满1年未与劳动者订立书面劳动合同的，则应当向劳动者每月支付二倍的工资（《劳动合同法》第八十二条）。这是对用人单位在自用工之日起1个月内未订立书面劳动合同的处罚措施。

（三）劳动合同订立时的注意事项

①签订合同时，劳动者首先要弄清单位的基本情况，要判断是否是合法企业，它的法人代表姓名、单位地址、电话要知道，这些信息可以通过上网查询工商登记信息获取，同时，要求将这些内容明确写在合同中。

②劳动者要弄清自己的具体工作，并在合同中标明工作的内容和具体地点。

③劳动报酬要定清楚，避免口头约定。如标准工资是多少？有没有奖金？奖金是根据什么标准发放的？这些信息一定要在合同中体现。

④关于试用期的问题要特别注意。法律规定试用期最长不得超过6个月，仅约定试用期的合同是无效的，试用期结束就要求劳动者走人是耍赖；在试用期间，用人单位不得无理由解除劳动关系；除非劳动者不符合招聘条件，才能走人。

⑤劳动报酬的支付方式与支付时间要明确，是现金还是通过银行支付到账户中。有的单位采取扣发员工一个月工资的方式拴住劳动者，这种行为不具有法律效力。如果劳动合同终止后，用人单位拒绝提供被扣发的劳动报酬，劳动者可以通过劳动仲裁解决问题。

⑥劳动者工作时间与工作条件要明确，有的劳动者为多挣钱，默认了企业要求严重超时的加班加点，这是违反劳动法的，现在越来越多的工资争议案就因此而起。

⑦社会保险约定。有的企业以"不办社保可以多领工资"的说法来误导劳动者主动选择

放弃社保。

⑧不要签空白合同。空白合同是指企业为应付检查,拿出空白合同,先让劳动者签名、按手印,走一个过场,劳动者也不拿合同当回事,有的合同甚至没有盖章。

⑨劳动合同盖章后,劳动者本人和用人单位要各保管一份。劳动合同是发生劳动争议时,劳资双方可出具的最直接、最有效的法律凭证。

(四)劳动合同的解除

劳动合同的解除,是指劳动合同订立后,尚未全部履行以前,由于某种原因导致劳动合同一方或双方当事人提前消灭劳动关系的法律行为。《劳动合同法》第三十七条规定:"劳动者提前三十日以书面形式通知用人单位,可以解除劳动合同。劳动者在试用期内提前三日通知用人单位,可以解除劳动合同。"

用人单位为劳动者提供专项培训费用,对其进行专业技术培训的,可以与该劳动者订立协议,约定服务期。劳动者违反服务期约定的,应当按照约定向用人单位支付违约金。违约金的数额不得超过用人单位提供的培训费用。

《劳动合同法》第四十条规定:"有下列情形之一的,用人单位提前三十日以书面形式通知劳动者本人或者额外支付劳动者一个月工资后,可以解除劳动合同:(一)劳动者患病或非因工负伤,在规定的医疗期满后不能从事原工作,也不能从事由用人单位另行安排的工作的;(二)劳动者不能胜任工作,经过培训或者调整工作岗位,仍不能胜任工作的;(三)劳动合同订立时所依据的客观情况发生重大变化,致使劳动合同无法履行,经用人单位与劳动者协商,未能就变更劳动合同内容达成协议的。"

(五)劳动争议处理程序

劳动争议是员工与公司之间的争议,针对的是关于劳动关系以及工资等之间引起的纠纷,对于劳动争议的处理,劳动法有相应的法律规定。

1.协商程序

协商是指劳动者与用人单位就争议的问题直接进行协商,寻找纠纷解决的具体方案。劳动争议的当事人一方为单位,一方为单位职工,双方发生纠纷后最好先协商,通过自愿达成协议来消除隔阂。但是,协商程序不是处理劳动争议的必经程序,完全出于自愿,任何人都不能强迫。

2.申请调解

调解程序是指劳动纠纷的一方当事人就已经发生的劳动纠纷向劳动争议调解委员会申请调解的程序。在用人单位内,可以设立劳动争议调解委员会负责调解本单位的劳动争议。调解委员会委员由单位代表、职工代表和工会代表组成。调解程序由当事人自愿选择,且调解协议也不具有强制执行力。

3.仲裁程序

仲裁程序是劳动纠纷的一方当事人将纠纷提交劳动争议仲裁委员会进行处理的程序。劳动争议仲裁委员会是国家授权、依法独立处理劳动争议案件的专门机构。申请劳动仲裁是提起诉讼的前置程序,即如果想提起诉讼打劳动官司,必须要经过仲裁程序,不能直接向人民法院起诉。

4. 诉讼程序

《劳动法》第八十三条规定:"劳动争议当事人对仲裁裁决不服的,可以自收到仲裁裁决书之日起十五日内向人民法院提起诉讼。一方当事人在法定期限内不起诉又不履行仲裁裁决的,另一方当事人可以申请人民法院强制执行。"诉讼程序具有较强的法律性、程序性,做出的判决也具有强制执行力。

情境单元一 案例解析

【案例 6.1】

劳动者拒绝违法超时加班安排,用人单位能否解除劳动合同?

张某于 2020 年 6 月入职某快递公司,双方订立的劳动合同约定试用期为 3 个月,试用期月工资为 8 000 元,工作时间执行某快递公司规章制度相关规定。某快递公司规章制度规定,工作时间为早 9 时至晚 9 时,每周工作 6 天。2 个月后,张某以工作时间严重超过法律规定上限为由拒绝超时加班安排,某快递公司即以张某在试用期间被证明不符合录用条件为由与其解除劳动合同。张某向劳动人事争议仲裁委员会(简称仲裁委员会)申请仲裁。

争议焦点

请求裁决某快递公司支付违法解除劳动合同赔偿金 8 000 元。

处理结果

仲裁委员会裁决某快递公司支付张某违法解除劳动合同赔偿金 8 000 元(裁决为终局裁决)。仲裁委员会将案件情况通报劳动保障监察机构,劳动保障监察机构对某快递公司规章制度违反法律、法规规定的情形责令其改正,给予警告。

专家分析

本案的争议焦点是张某拒绝违法超时加班安排,某快递公司能否与其解除劳动合同。《劳动法》第四十一条规定:"用人单位由于生产经营需要,经与工会和劳动者协商后可以延长工作时间,一般每日不得超过一小时;因特殊原因需要延长工作时间的,在保障劳动者身体健康的条件下延长工作时间每日不得超过三小时,但是每月不得超过三十六小时。"第四十三条规定:"用人单位不得违反本法规定延长劳动者的工作时间。"《劳动合同法》第二十六条规定:"下列劳动合同无效或者部分无效:……(三)违反法律、行政法规强制性规定的。"为确保劳动者休息权的实现,我国法律对延长工作时间的上限予以明确规定。用人单位制定违反法律规定的加班制度,在劳动合同中与劳动者约定违反法律规定的加班条款,均应认定为无效。本案中,某快递公司规章制度中"工作时间为早 9 时至晚 9 时,每周工作 6 天"的内容,严重违反法律关于延长工作时间上限的规定,应认定为无效。张某拒绝违法超时加班安排,系维护自己合法权益,不能据此认定其在试用期间被证明不符合录用条件。故仲裁委员会依法裁决某快递公司支付张某违法解除劳动合同赔偿金。

典型意义

《劳动法》第四条规定:"用人单位应当依法建立和完善规章制度,保障劳动者享有劳动权利和履行劳动义务。"法律在支持用人单位依法行使管理职权的同时,也明确其必须履行保障劳动者权利的义务。用人单位的规章制度以及相应工作安排必须符合法律、行政法规的规定,否则既要承担违法后果,也不利于构建和谐稳定的劳动关系、促进自身健康发展。

【案例 6.2】

劳动者与用人单位订立放弃加班费协议,能否主张加班费?

张某于 2020 年 6 月入职某科技公司,月工资 20 000 元。某科技公司在与张某订立劳动合同时,要求其订立一份协议作为合同附件,协议内容包括"我自愿申请加入公司奋斗者计划,放弃加班费"。半年后,张某因个人原因提出解除劳动合同,并要求支付加班费。某科技公司认可张某加班事实,但以其自愿订立放弃加班费协议为由拒绝支付。张某向劳动人事争议仲裁委员会(简称仲裁委员会)申请仲裁。

申请人请求

请求裁决某科技公司支付 2020 年 6 月至 12 月加班费 24 000 元。

处理结果

仲裁委员会裁决某科技公司支付张某 2020 年 6 月至 12 月加班费 24 000 元。

案例分析

本案的争议焦点是张某订立放弃加班费协议后,还能否主张加班费。《劳动合同法》第二十六条规定:"下列劳动合同无效或者部分无效:……(二)用人单位免除自己的法定责任、排除劳动者权利的。"《最高人民法院关于审理劳动争议案件适用法律问题的解释(一)》第三十五条规定:"劳动者与用人单位就解除或者终止劳动合同办理相关手续、支付工资报酬、加班费、经济补偿或者赔偿金等达成的协议,不违反法律、行政法规的强制性规定,且不存在欺诈、胁迫或者乘人之危情形的,应当认定有效。前款协议存在重大误解或者显失公平情形,当事人请求撤销的,人民法院应予支持。"加班费是劳动者延长工作时间的工资报酬,《劳动法》第四十四条、《劳动合同法》第三十一条明确规定了用人单位支付劳动者加班费的责任。约定放弃加班费的协议免除了用人单位的法定责任、排除了劳动者权利,显失公平,应认定无效。本案中,某科技公司利用在订立劳动合同时的主导地位,要求张某在其单方制定的格式条款上签字放弃加班费,既违反法律规定,也违背公平原则,侵害了张某工资报酬权益。故仲裁委员会依法裁决某科技公司支付张某加班费。

典型意义

崇尚奋斗无可厚非,但不能成为用人单位规避法定责任的挡箭牌。谋求企业发展、塑造企业文化都必须守住不违反法律规定、不侵害劳动者合法权益的底线,应在坚持按劳分配原则的基础上,通过科学合理的措施激发劳动者的主观能动性和创造性,统筹促进企业发展与维护劳动者权益。

【案例 6.3】

用人单位未按规章制度履行加班审批手续,能否认定劳动者加班事实?

吴某于 2019 年 12 月入职某医药公司,月工资为 18 000 元。某医药公司加班管理制度规定:"加班需提交加班申请单,按程序审批。未经审批的,不认定为加班,不支付加班费。"吴某入职后,按照某医药公司安排实际执行每天早 9 时至晚 9 时,每周工作 6 天的工作制度。其按照某医药公司加班管理制度提交了加班申请单,但某医药公司未实际履行审批手续。2020年11月,吴某与某医药公司协商解除劳动合同,要求某医药公司支付加班费,并出具了考勤记录、与部门领导及同事的微信聊天记录、工作会议纪要等。某医药公司虽认可上述证据的真实性但以无公司审批手续为由拒绝支付。吴某向劳动人事争议仲裁委员会(简称仲裁委员会)申请仲裁。

申请人请求

请求裁决某医药公司支付2019年12月至2020年11月加班费50 000元。

处理结果

仲裁委员会裁决某医药公司支付吴某2019年12月至2020年11月加班费50 000元。某医药公司不服仲裁裁决起诉,一审法院判决与仲裁裁决一致,某医药公司未上诉,一审判决已生效。

案例分析

本案的争议焦点是某医药公司能否以无公司审批手续为由拒绝支付吴某加班费。《劳动法》第四十四条规定:"有下列情形之一的,用人单位应当按照下列标准支付高于劳动者正常工作时间工资的工资报酬:(一)安排劳动者延长工作时间的,支付不低于工资的百分之一百五十的工资报酬;(二)休息日安排劳动者工作又不能安排补休的,支付不低于工资的百分之二百的工资报酬。"《工资支付暂行规定》(劳部发〔1994〕489号)第十三条规定:"用人单位在劳动者完成劳动定额或规定的工作任务后,根据实际需要安排劳动者在法定标准工作时间以外工作的,应按以下标准支付工资:……"从上述条款可知,符合"用人单位安排""法定标准工作时间以外工作"情形的,用人单位应当依法支付劳动者加班费。本案中,吴某提交的考勤记录、与部门领导及同事的微信聊天记录、工作会议纪要等证据形成了相对完整的证据链,某医药公司亦认可上述证据的真实性。某医药公司未实际履行加班审批手续,并不影响对"用人单位安排"加班这一事实的认定。故仲裁委员会依法裁决某医药公司支付吴某加班费。

典型意义

劳动规章制度对用人单位和劳动者都具有约束力。一方面,用人单位应严格按照规章制度的规定实施管理行为,不得滥用优势地位,侵害劳动者合法权益;另一方面,劳动者在合法权益受到侵害时,要注意保留相关证据,为维权提供依据。仲裁委员会、人民法院应准确把握加班事实认定标准,纠正用人单位规避法定责任、侵害劳动者合法权益的行为。

【案例6.4】

处理加班费争议,如何分配举证责任?

林某于2020年1月入职某教育咨询公司,月工资为6 000元。2020年7月,林某因个人原因提出解除劳动合同,并向劳动人事争议仲裁委员会(简称仲裁委员会)申请仲裁。林某主张其工作期间每周工作6天,并提交了某打卡app打卡记录(显示林某及某教育咨询公司均实名认证,林某每周一至周六打卡;每天打卡2次,第一次打卡时间为早9时左右,第二次打卡时间为下午6时左右;打卡地点均为某教育咨询公司所在位置,存在个别日期未打卡情形)、工资支付记录打印件(显示曾因事假扣发工资,扣发日期及天数与打卡记录一致,未显示加班费支付情况）。某教育咨询公司不认可上述证据的真实性，主张林某每周工作5天，但未提交考勤记录、工资支付记录。

申请人请求

请求裁决某教育咨询公司支付加班费10 000元。

处理结果

仲裁委员会裁决某教育咨询公司支付林某加班费10 000元（裁决为终局裁决）。

案例分析

本案的争议焦点是如何分配林某与某教育咨询公司的举证责任。《劳动争议调解仲裁法》第六条规定："发生劳动争议，当事人对自己提出的主张，有责任提供证据。与争议事项有关的证据属于用人单位掌握管理的，用人单位应当提供；用人单位不提供的，应当承担不利后果。"《最高人民法院关于审理劳动争议案件适用法律问题的解释（一）》第四十二条规定："劳动者主张加班费的，应当就加班事实的存在承担举证责任。但劳动者有证据证明用人单位掌握加班事实存在的证据，用人单位不提供的，由用人单位承担不利后果。"从上述条款可知，主张加班费的劳动者有责任按照"谁主张谁举证"的原则，就加班事实的存在提供证据，或者就相关证据属于用人单位掌握管理提供证据。用人单位应当提供而不提供有关证据的，可以推定劳动者加班事实存在。本案中，虽然林某提交的工资支付记录为打印件，但与实名认证的app打卡记录互相印证，能够证明某教育咨询公司掌握加班事实存在的证据。某教育咨询公司虽然不认可上述证据的真实性，但未提交反证或者做出合理解释，应承担不利后果。故仲裁委员会依法裁决某教育咨询公司支付林某加班费。

典型意义

我国劳动法将保护劳动者的合法权益作为立法宗旨之一，在实体和程序方面都做出了相应规定。在加班费争议处理中，要充分考虑劳动者举证能力不足的实际情况，根据"谁主张谁举证"原则、证明妨碍规则，结合具体案情合理分配用人单位与劳动者的举证责任。

【案例6.5】

用人单位与劳动者约定实行包薪制，是否需要依法支付加班费？

周某于2020年7月入职某汽车服务公司，双方订立的劳动合同约定月工资为4 000元（含加班费）。2021年2月，周某因个人原因提出解除劳动合同，并认为即使按照当地最低工资标准认定其法定标准工作时间工资，某汽车服务公司亦未足额支付加班费，要求支付差额。某汽车服务公司认可周某加班事实，但以劳动合同中约定的月工资中已含加班费为由拒绝支付。周某向劳动人事争议仲裁委员会（简称仲裁委员会）申请仲裁。

申请人请求

请求裁决某汽车服务公司支付加班费差额17 000元。

处理结果

仲裁委员会裁决某汽车服务公司支付周某加班费差额17 000元（裁决为终局裁决），并就有关问题向某汽车服务公司发出仲裁建议书。

案例分析

本案的争议焦点是某汽车服务公司与周某约定实行包薪制，是否还需要依法支付周某加班费差额。《劳动法》第四十七条规定："用人单位根据本单位的生产经营特点和经济效益，依法自主确定本单位的工资分配方式和工资水平。"第四十八条规定："国家实行最低工资保障制度。"《最低工资规定》第三条规定："本规定所称最低工资标准，是指劳动者在法定工作时间或依法签订的劳动合同约定的工作时间内提供了正常劳动的前提下，用人单位依法应支付的最低劳动报酬。"从上述条款可知，用人单位可以依法自主确定本单位的工资分配方式和工资水平，并与劳动者进行相应约定，但不得违反法律关于最低工资保障、加班费支付标准的规定。本案中，根据周某实际工作时间折算，即使按照当地最低工资标准认定周某法定标准工作时间工资，并以此为基数核算加班费，也超出了4 000元的约定工资，表明某汽车服务公司未依法足额支付周某加班费。故仲裁委员会依法裁决某汽车服务公司支付周某加班费差额。

典型意义

包薪制是指在劳动合同中打包约定法定标准工作时间工资和加班费的一种工资分配方式，在部分加班安排较多且时间相对固定的行业中比较普遍。虽然用人单位有依法制定内部薪酬分配制度的自主权，但内部薪酬分配制度的制定和执行须符合相关法律的规定。实践中，部分用人单位存在以实行包薪制规避或者减少承担支付加班费法定责任的情况。实行包薪制的用人单位应严格按照不低于最低工资标准支付劳动者法定标准工作时间的工资，同时按照国家关于加班费的有关法律规定足额支付加班费。

情境单元二　讨论

【活动一】

如果用人单位的工作休息时间违法，要求职工每周工作超过法定的工作时间，象征性地发加班费，是否合理？如果要求职工每周工作7天，从没有休息日，那么星期日的工资报酬是否能按照有关规定要求双倍？

相关法律规定：根据《劳动法》第三十六条："国家实行劳动者每日工作时间不超过八小时、平均每周工作时间不超过四十四小时的工时制度。"第三十七条："对实行计件工作的劳动者，用人单位应当根据本法第三十六条规定的工时制度合理确定其劳动定额和计件报酬标准。"第三十八条："用人单位应当保证劳动者每周至少休息一日。"注意上面用的是"应当"，属于强制性的规范，如果违反了就必然会有相应的不利后果。第三十九条："企业因生产特点不能实行本法第三十六条、第三十八条规定的，经劳动行政部门批准，可以实行其他工作和休息办法。"第四十一条："用人单位由于生产经营需要，经与工会和劳动者协商后可以延长工作时间，一般每日不得超过一小时；因特殊原因需要延长工作时间的，在保障劳动者身体健康的条件下延长工作时间每日不得超过三小时，但是每月不得超过三十六小时。"第四十四条："有下列情形之一的，用人单位应当按照下列标准支付高于劳动者正常工作时间工资的工资报酬：（一）安排劳动者延长工作时间的，支付不低于工资的百分之一百五十的工资报酬；（二）休息日安排劳动者工作又不能安排补休的，支付不低于工资的百分之二百的工资报酬；（三）法定休假日安排劳动者工作的，支付不低于工资的百分之三百的工资报酬。"从以上可以看出，法定每周工作不能超过44 h，也就是说每天工作8 h，到星期六的时候再工作半天是合法的,但是超过此限制继续要求劳动者工作就应当按照加班来处理了,而且加班还不能超出法定的加班条件,应当符合第四十一条规定的条件。如果用人单位常年要求劳动者每周工作7 d,又不能举证星期六和星期天符合加班的条件(比如上面第四十一条中的限制条件就是"经与工会和劳动者协商后"),就应当按照"休息日安排劳动者工作又不能安排补休的,支付不低于工资的百分之二百的工资报酬"来处理,即,双倍开工资。这样理解是否正确?请大家思考。

对具体数额的计算方式按照下面的模式在实践中应用,大家看看有什么问题需要改正?是否可行?

如果一个职工按照题设中的条件,在某用人单位连续工作了8年,每周工作7 d,那么该职工的加班费用应当按照以下方式进行计算:每年应当支付双倍工资的天数为365÷7×1.5=78 d(即,按照一年中所含的星期数乘每个星期必须包含1.5 d的休息时间来计算。该职工的工作时间按照法定的最高时间来认可,也就是说每周工作5.5 d,达到44 h标准),8年应当支付双倍工资的天数应当为78×8=624 d,因为用人单位一直没有支付该部分工资,扣除增值等各方面的因素,应当按照该职工提出支付加班费的主张之时的前12个月的平均工资标准予以确认具体数额,应当以该职工的日平均工资乘欠费的天数,如果该职工前12个月的平均工资为2 000元,有的人会自然认为具体数额就是:2 000÷21.75×624×2=114 758.6元。

作者对工资标准的确认方式是认可的,但对21.75 d的确认针对此案例还是持有异议的,原因如下:为什么会按照前12个月的平均工资作为标准呢?依据是什么呢?

作者认为,应当参照《劳动合同法》第四十六条和第四十七的内容予以确认。第四十六条:"有下列情形之一的,用人单位应当向劳动者支付经济补偿:(一)劳动者依照本法第三十八条规定解除劳动合同的;(二)用人单位依照本法第三十六条规定向劳动者提出解除劳动合同并与劳动者协商一致解除劳动合同的;(三)用人单位依照本法第四十条规定解除劳动合同的;(四)用人单位依照本法第四十一条第一款规定解除劳动合同的;(五)除用人单位维持或者提高劳动合同约定条件续订劳动合同,劳动者不同意续订的情形外,依照本法第四十四条第一项规定终止固定期限劳动合同的;(六)依照本法第四十四条第四项、第五项规定终止劳动合同的;(七)法律、行政法规规定的其他情形。"第四十七条:"经济补偿按劳动者在本单位工作的年限,每满一年支付一个月工资的标准向劳动者支付。六个月以上不满一年的,按一年计算;不满六个月的,向劳动者支付半个月工资的经济补偿。劳动者月工资高于用人单位所在直辖市、设区的市级人民政府公布的本地区上年度职工月平均工资三倍的,向其支付经济补偿的标准按职工月平均工资三倍的数额支付,向其支付经济补偿的年限最高不超过十二年。本条所称月工资是指劳动者在劳动合同解除或者终止前十二个月的平均工资。"既然经济补偿金是按照前12个月的平均工资为标准对劳动者已经经历的工作年限进行补偿,那么对劳动者已经经历过的没有支付的加班费的标准作者认为是应该可以参照这个标准适用的,所以认为可行。

21.75 d的法律依据是什么?会得到认可吗?

提出21.75 d观点的人的依据为《关于职工全年月平均工作时间和工资折算问题的通知》,该通知的内容如下表述:"一、制度工作时间的计算:年工作日:365天－104天(休息日)－11天(法定节假日)=250天。二、日工资、小时工资的折算:日工资:月工资收入÷月计薪天数。月计薪天数＝(365 天－104 天)÷12 月＝21.75 天。"如果劳动者每周按照 40 h 的工作时间来确认的话,21.75 d 是可以适用的,但针对本案来说,由于在上面计算该职工的休息日的时候是按照每周工作 5.5 d 来认可的,是按照用人单位合法的极限标准每周工作 44 h 来计算的,所以不应当使用按照制度工作时间的计算方法来计算出 104 d 的休息日,也就是说,月计薪天数不宜采用 21.75 d 这一数字,如果每月按照最少的 4 个星期来计算,那么该职工的最多的记薪天数也应当是 31－(4×1.5)＝25 d,那么用人单位最少也要支付该职工加班工资报酬 2 000÷25×624×2＝99 840 元。这一结果是按照最少的方式估算的。

这样理解是否正确？请大家思考。

最后,作者认为题设中的答案应该是肯定的,职工是可以对加班费要求双倍支付的。

【活动二】

带薪年假制度如果用人单位从来没有执行过,那么劳动者如何救济自己的权利？能按照三倍的工资报酬主张带薪年休假的工资吗？

相关法律规定:《职工带薪年休假条例》第三条:"职工累计工作已满 1 年不满 10 年的,年休假 5 天;已满 10 年不满 20 年的,年休假 10 天;已满 20 年的,年休假 15 天。国家法定休假日、休息日不计入年休假的假期。"第五条:"单位根据生产、工作的具体情况,并考虑职工本人意愿,统筹安排职工年休假……单位确因工作需要不能安排职工休年休假的,经职工本人同意,可以不安排职工休年休假。对职工应休未休的年休假天数,单位应当按照该职工日工资收入的 300% 支付年休假工资报酬。"第七条:"单位不安排职工休年休假又不依照本条例规定给予年休假工资报酬的,由县级以上地方人民政府人事部门或者劳动保障部门依据职权责令限期改正;对逾期不改正的,除责令该单位支付年休假工资报酬外,单位还应当按照年休假工资报酬的数额向职工加付赔偿金;对拒不支付年休假工资报酬、赔偿金的,属于公务员和参照公务员法管理的人员所在单位的,对直接负责的主管人员以及其他直接责任人员依法给予处分;属于其他单位的,由劳动保障部门、人事部门或者职工申请人民法院强制执行。"从以上我们可以看出,如果某职工工作 8 年,应当享受 7 年的每年 5 d 的带薪年休假,合计天数应当是每年 5 d×7＝35 d。该部分工资应当是三倍支付。根据《职工带薪年假休假条例》,该职工应当获得的报酬是 2000÷25×天数×3＝××元。

扩展阅读

求职者遇到用人单位虚假招聘怎么办？

【案情简介】

大学毕业生林某通过自学成为一个手机铃声制作高手。毕业后,他在一个招聘会上看到 A 公司招聘手机铃声制作人员,提供的工资和福利都不错,林某便递上简历。A 公司的招聘负责人看了简历后,当场问了林某几个问题,表示可以录用他,但要求他在正式上班之前,做一套他们指定的铃声作为考核。一套铃声 9 个格式,林某在一天内就做好了,他很有把握地发给了 A 公司,但 A 公司却以林某做的铃声不能令他们满意为由,拒绝录用。后来,林某进了另外一家做手机铃声的公司,才知道有些做手机铃声的公司,通过招聘来骗取求职者的作品。由于应聘者得到的测试曲目各不相同,为了得到工作,都会竭尽所能去做,因而公司通过一次招聘骗取其作品,在被拒绝录用后也都不了了之。

【专家提示】

在人力资源市场上,真实的用人单位通过虚假招聘方式骗取求职者钱财的情形已不多见,现在骗取求职者财物的基本上是骗子以虚构或者假冒的单位名称来进行的。针对此类陷阱,求职者在应聘前可以通过在工商部门的官网上查询招聘单位的真实性予以防范,被骗后应当立即向公安部门举报。但这种新型的招聘陷阱却让求职者防不胜防,即真实的用人单位在招聘中以考核为名要求求职者提交指定的作品,然后以作品不符合要求为由拒绝录用,将作品据为己有。这种以窃取求职者智力成果为目的的陷阱称为智力陷阱,常见的有招聘单位要求求职者提交程序设计、广告设计、策划方案、文章翻译等。求职者遇到此类情形,在不能判断招聘单位真实意图,又想得到工作的情况下,可以采取以下措施进行防范:①提交成果时要留存备份,并要求招聘单位在自己留存的备份上签字盖章予以确认,以证明成果内容及其权利人。②提交成果时附上《著作权声明》,并要求招聘单位签收,以避免自己的成果被招聘单位无偿使用。事后,求职者如果发现招聘单位擅自使用自己的作品,可以向劳动行政部门或者工商部门投诉该单位的虚假招聘行为并可以向人民法院起诉,追究招聘单位的侵权责任。③职业中介服务是指由法人、其他组织和公民个人举办职业中介机构,为用人单位招用人员和劳动者求职提供中介服务以及其他相关服务的经营活动。设立职业中介机构或其他机构开展职业中介活动,须经劳动保障行政部门批准,并获得职业中介许可证。经批准获得职业中介许可证的职业中介机构,应当持许可证向工商行政管理部门办理登记。未经依法许可和登记的机构,不得从事职业中介活动。未经许可和登记,擅自从事职业中介活动的,由劳动行政部门或者其他主管部门依法予以关闭;有违法所得的,没收违法所得,并处1万元以上5万元以下罚款。

职业中介机构不得有下列行为:①提供虚假就业信息;②发布的就业信息中包含歧视性内容;③伪造、涂改、转让职业中介许可证;④为无合法证照的用人单位提供职业中介服务;⑤介绍未满16周岁的未成年人就业;⑥为无合法身份证件的劳动者提供职业中介服务;⑦介绍劳动者从事法律、法规禁止从事的职业;⑧扣押劳动者的居民身份证和其他证件,或者向劳动者收取押金;⑨以暴力、胁迫、欺诈等方式进行职业中介活动;⑩超出核准的业务范围经营;⑪其他违反法律、法规规定的行为。职业中介机构违反第①、③、④项规定的,由劳动行政部门或者其他主管部门责令改正;有违法所得的,没收违法所得,并处1万元以上5万元以下罚款;情节严重的,吊销职业中介许可证。违反第⑤项规定的,按照国家《禁止使用童工规定》予以处罚,其中,对收取押金行为以每人500元以上2 000元以下的标准处以罚款;违反其他各项规定的,由劳动保障行政部门责令改正,没有违法所得的,可处1万元以下的罚款;有违法所得的,可处以不超过违法所得3倍的罚款,但最高不得超过3万元;情节严重的,提请工商部门依法吊销营业执照;对当事人造成损害的,应当承担赔偿责任。职业中介机构提供职业中介服务不成功的,应当退还向劳动者收取的中介服务费。未退还的,由劳动保障行政部门责令改正,并处1 000元以下的罚款。职业中介机构租用场地举办大规模职业招聘洽谈会,应当对入场招聘用人单位的主体资格真实性和招用人员简章真实性进行核实。

求职者遭遇职业中介陷阱怎么办?

【案情简介】

某职业中介公司在媒体上发布以下招聘信息:"某花卉园艺中心急聘化妆品包装工,1 600元/月。长途押车员2 600元/月,包吃住。"耿某看到此信息后,来到该职业中介公司,表示希望应聘长途押车员工作。中介公司向耿某收取300元中介费后,让他回去等面试通知。耿某等了几天,未收到通知,便问职业中介公司何故。职业中介公司以种种借口搪塞。耿某感觉被骗,于是向工商分局投诉。执法人员随后展开调查发现,前段时间,园艺中心确实曾以自己的名义在报纸上刊登过招聘化妆品包装工、长途押车员信息,但工资并没有这么高,也根本没有委托该职业中介公司招聘长途押车员。该职业中介公司负责人最后承认,这条招聘信息是他们从报纸上抄来的,为了吸引求职者,他们将工资夸大了许多。最后,工商部门责令该职业中介公司进行整改,退还中介费,并对其处以罚款。

【专家提示】

职业中介陷阱常见的有:①提供虚假职位信息骗取求职者的中介服务费;②职业中介公司与用人单位串通,职业中介公司收取中介费后,用人单位要求求职者在指定医院体检,收取报名费、体检费、培训费、押金等,然后再以体检不合格或者培训不合格为由不录用求职者;③职业中介公司与数家用人单位互相勾结,职业中介公司先收取求职者的中介费后,将其介绍到乙公司,乙公司以各种名义骗取求职者其他费用后,再将其介绍到丙公司,如此多个公司设下连环骗局,坑害求职者;④未经许可和登记的非法职业中介提供虚假职位信息收取求职者包推荐成功费、培训费、服装费、保险费、档案费等各种费用,骗取求职者钱财;等等。求职者遇到上述情形时,应当拒交除中介费外其他各种名义的费用,因为任何招聘单位,以任何名义向求职者收取抵押金、服装费、风险金、报名费、培训费等行为,都属非法行为。一旦不小心上当,应当立即向当地劳动行政部门或工商行政部门举报,以追回损失,及时制止职业中介公司的违法行为。

拓展篇

第七模块　未来劳动

学习单元一　劳动改变世界

劳动,是指人们运用一定的生产工具作用于劳动对象、创造物质财富和精神财富的有目的的活动。恩格斯在《劳动在从猿到人转变过程中的作用》一文中指出:"劳动创造了人本身。"

人类是自然界长期进化的结果,但人类的进化超越了一般动物界的生物进化。人的进化是劳动工具和劳动方式的进化,人类及人类文明的一切成就都源自劳动创造。劳动是真正属于人类的本质性力量。

中华民族是崇尚劳动、善于创造的民族,创造了灿烂辉煌的古代文明和今天的"中国奇迹"。劳动光荣、创造伟大是对人类文明进步规律的重要诠释。

劳动最光荣,首先体现在劳动者创造的价值上。从飞天的"神舟"到探海的"蛟龙",从思想深邃的理论著作和脍炙人口的文学作品到运用越来越广泛的人工智能,所有这些伟大的创造物,本身就是一枚枚属于劳动者的勋章。

劳动最光荣,也体现为人类在劳动实践中自身素质的提高。人类在改造自然的劳动实践中,不断认识自然世界的客观规律,掌握运用自然规律进行创造的各种技术技能。无论是大国工匠、科学家,还是种田能手、环卫工人,任何一份职业都很光荣。

只有通过躬行实践,才能真正树立劳动最光荣的理念。在生活中,要养成勤于动手、善于动脑的习惯,坚持自己的事情自己做,乐于帮助别人,培养劳动的光荣感、崇高感。要尊重别人的劳动、从事的职业,尊重诚信劳动、辛勤劳动的人,崇尚先人后己、克己奉公,鄙视投机取巧、不劳而获,培育以辛勤劳动为荣、以好逸恶劳为耻的荣辱观。

劳动永远是人类生活的基础,是创造人类文化幸福的基础。马克思曾说:"任何一个民族,如果停止劳动,不用说一年,就是几个星期,也要灭亡。"大发明家爱迪生说过:"世界上没有一种具有真正价值的东西,可以不经过艰苦辛勤的劳动而能够得到。"

劳动,本就应当是光荣的、进步的;劳动者,应该享有最高的荣耀,因为人类的进步,社会的发展,都是劳动者推动的。每一个劳动者,都需要为他人提供劳动,同时,也需要他人为自己提供劳动,这就是"人人为我,我为人人"。

社会主义是干出来的,新时代是奋斗出来的。劳动不但创造人,劳动还能改造人,改造我们的思想,改造我们的世界观、价值观和人生观。当下,我国已转向高质量发展阶段,需要更多知识型、技能型、创新型劳动者,也为广大劳动者实现人生价值提供了广阔舞台。强化榜样的引领示范作用,宣传好、培养好、关心好劳模工匠,为他们提供更为广阔的发展平台,让劳模精神、劳动精神、工匠精神在全国厚植生根,推动更多劳模工匠竞相涌现。这就需要我们适应新一轮科技革命和产业变革的需要,立足新发展阶段,深入贯彻新发展理念,准确识变、科学应变、主动求变,用自己的劳动推动高质量发展,加快构建新发展格局。

学习单元二　人工智能改变劳动方式

目前全世界正在进行一场科技革命。人工智能(AI)、虚拟现实(VR)、增强现实(AR)、宇宙开发等各种科技发展正在不断地改变我们的生活。人工智能是研究、开发用于模拟、延伸和扩展人的智能的理论、方法、技术及应用系统的一门新的技术科学。人工智能属于计算机科学的一个分支,它是由人工制造出来的系统所表现出来的智能,一般的定义是智能主体的研究与设计,智能主体是指一个可以观察周遭环境并做出行动以达至目标的系统,该领域的研究包括语音识别、泛图像识别、自然语言处理和专家系统等。以人工智能为代表的新技术革命将给整个社会带来翻天覆地的改变。

一、人工智能的发展历史

人工智能的思想萌芽可以追溯到 17 世纪中期,莱布尼茨、托马·霍布斯和笛卡尔提出形式符号系统假设,为人工智能研究打开了理论探讨之门。19 世纪二三十年代,英国科学家巴贝奇设计了第一台"计算机器",被认为是计算机硬件亦即人工智能硬件的前身。1956 年 8 月,约翰·麦卡锡、赫伯特·西蒙等不同领域科学家在美国达特茅斯学院发起并组织夏季研讨会,探讨"如何用机器模仿人类智能",并在会议上首次提出人工智能概念,"达特茅斯会议"也被称为"人工智能的起点"。

二、人工智能的发展类型

人工智能是研究开发能够模拟、延伸和扩展人类智能的理论、方法、技术及应用系统的一门新的技术科学,研究目的是促使智能机器会听(语音识别、机器翻译等)、会看(图像识别、文字识别等)、会说(语音合成、人机对话等)、会思考(人机对弈、定理证明等)、会学习(机器学习、知识表示等)、会行动(机器人、自动驾驶汽车等)。按照智能化水平的高低,人工智能可以分成三大类:弱人工智能、强人工智能和超人工智能。

1.弱人工智能

弱人工智能只专注于完成某个特定的任务,如语音识别、图像识别和翻译,是擅长于单个方面的人工智能。它们只是用于解决特定的具体问题,大都是依据相关统计实现一定的智能化处理。由于弱人工智能的发展程度并没有达到模拟人脑思维的程度,所以弱人工智能较为单一,属于"工具"的范畴,与传统的"产品"在本质上并无区别。例如,能战胜围棋世界冠军的人工智能阿尔法围棋(AphaGo),它只会下围棋,如果改为中国象棋则无法应对。

2.强人工智能

强人工智能属于人类级别的人工智能,在各方面都能和人类比肩,人类能完成的脑力工作它都能胜任。弱人工智能是利用现有智能化技术来改善人类经济社会发展所需要的一些技术条件和发展功能,而强人工智能非常接近人的智能,这需要脑科学的突破,国际普遍认为这个阶段要到 2050 年前后才能实现。它能够进行思考、计划、解决问题、抽象思维、理解复杂理念、快速学习和从经验中学习等操作,并且和人类一样得心应手。强人工智能系统包括了学习、语言、认知、推理、创造和计划,目标是使人工智能在非监督学习的情况下处理前所未见的细节,并同时与人类开展交互式学习。由于强人工智能的智能化程度已经可以比肩人类,同时也获得了具有"人格"的基本条件,机器可以像人类一样独立思考和决策。

3. 超人工智能

超人工智能是脑科学和类脑智能有极大发展后,人工智能就成为一个超强的智能系统。在几乎所有领域比最聪明的人类大脑都聪明很多,包括科学创新、通识和社交技能。在超人工智能阶段,人工智能已经跨过"奇点",其计算能力已经远超人脑,甚至已经超越了人类可以想象的范畴。人工智能打破人脑受到的维度限制,其所观察和思考的内容人脑已经很难理解,人工智能将形成一个新的社会。

三、人工智能的发展趋势

以人工智能、大数据、量子信息、生物技术等为代表的新一轮科技革命和产业变革正在催生大量新产业、新业态、新模式,给世界发展和人类生活带来了翻天覆地的变化。一是学科领域交叉渗透,二是经济发展新引擎和竞争新热点,三是带来社会建设的新机遇和新挑战。

四、人工智能与劳动者

(一)人工智能与人类劳动的关系

随着新一代人工智能的兴起,机器智能越来越接近人类智能,过去专属于人类的劳动,特别是脑力劳动,越来越被智能机器所取代。因此,人工智能给人类劳动带来了巨大的挑战,如挑战人类劳动权利和劳动价值观。但是,对人类来说这种挑战本身也是一种机遇,它让人类从繁重的体力和脑力劳动中解放出来,人类由此获得了一定的解放和自由,并有闲暇去享受生活和全面发展。历史经验告诉我们,技术创新从未带来大规模失业,反倒在经济活动中创造了新的、更多的就业机会,人工智能也不例外。人工智能可能会在所有行业中创造许多新的工作,只是工作任务会发生很大变化。当然,人工智能带来的对人类劳动的挑战不仅仅是劳动问题,它还涉及财富分配、公平公正等更多深层次的问题。

(二)人工智能时代劳动者需要具备的能力

人工智能时代,技能人才将被划分为技术的创造者、使用者和协作者。对于技术的创造者来说,需要具备计算思维和数字能力,需要拥有数据科学、技术科学和自然科学、人文科学等方面的知识;对于技术的使用者来说,需要信息技术、数据分析处理、内容开发、信息技术使用等方面的能力,需要利用信息技术解决面临的各种问题。

人工智能是一门极富挑战性的学科,从事这项工作的人必须懂计算机知识,以及心理学和哲学。大学生应该主动拥抱人工智能时代,主动学习相关知识和技能,提升自己的创造力、社交能力、分析能力、思考能力、判断能力、审美能力和学习能力,主动适应社会发展。

学习单元三　人工智能与未来劳动

展望未来，人工智能和机器人给世界带来的影响将远远超过个人计算机和互联网在过去所引发的人类变革。

一、人工智能与未来劳动

世界发展日新月异，时代环境不断变化，技术和知识不断更新换代。从社会角度来说，脑力劳动所占的比重越来越大。劳动的支出形式对产业结构，特别是第三产业占比来说至关重要。

利用电子计算机和信息传输系统，收集处理信息，编制和控制生产程序的脑力劳动越来越成为劳动者每天的劳动内容。同时，通信办公和家用电子设备的普及，使人们的生产方式、生活方式和自身的价值取向发生了重大变革，脑力劳动飞速发展，开启智能劳动。

在劳动方式上，直接劳动本身不再是物质生产的主要方式，直接劳动主要变成看管和调节的活动，劳动产品不再是单个直接劳动的产品，相反地，作为生产者出现的是社会活动的结合。直接从事劳动的工人减少，更多的人是参与研发、设计、管理等劳动，脑体结合的劳动者越来越多。这使得人类劳动时间相对减少，劳动者有更多时间钻研创造，劳动的自主性增强。

二、人工智能和未来劳动者

随着人工智能技术日趋成熟和应用领域快速扩展，知识、心理、协作、创新等劳动素养的地位不断提高，大学生施展才华的舞台大幅拓展。

人类劳动活动可划分为四类：规则性体能劳动、规则性智能劳动、非规则性智能劳动和非规则性体能劳动。规则性体能劳动主要指一般的体力劳动，工作内容程序化、固定化、重复性强，主要存在于农业、建筑业、制造业流水线和部分服务业。规则性智能劳动主要是一般性的事务性工作，工作内容具有一定专业性，程序化和规律性较高，职业包括文员、会计、人力资源专员等。非规则性智能劳动一般是指需要高知识、高技能的脑力劳动，工作内容复杂，具有较高专业性，专注于对未知领域的探索，需要具有创造性思维方式，如科学家、企业家、艺术家等。非规则性体能劳动一般特指体育运动、极限运动、野外救援等特殊领域中的工作，这一类劳动者数量少、工作危险性高，在劳动力总数中占比最小。在未来人工智能时代，劳动变化正在悄然发生。

1. 机器改变世界的趋势正在形成

国际机器人联合会的统计数据显示，目前全球制造企业在生产制造中使用的机器人总数已经超过百万台。互联网技术的支撑使机器人从过去的单台设备应用进入现在"机器人＋互联网"的数字化工厂。机器人不仅可以提高生产效率，还可以有效改善产品质量，降低生产成本。"机器换人"将成为传统制造向智能制造转变的必然趋势。

2. 以人为中心的工作流程正在强化

与机器相比，人类的优势在于具有创造力、灵活性、评判力、即兴创作以及社交和领导能力。因此,人工智能带来的"机器换人"不是机器替代人类本身,而是充分发挥机器与人各自的优势,用机器运行时间替代人类的劳动时间——尤其是重复性、机械式的劳动时间,让人们从繁重的生产工作中解放出来,大幅增加个体可支配的闲暇时间,并助力人们自由发展创造力、想象力和控制力。智能工厂中机器将代替人力完成大多数工作,不再需要工人参与生产,从而实现向"无人工厂"的转变。

3.劳动者角色的转变正在加速

劳动者的角色正在从机器操作者向问题解决者转变。工业革命以来极度细化的流水线工作让工人变得更像机器人。生产智能化则在很大程度上减轻了劳动者的劳动强度,改善大批劳动者工作环境,实现从"机器人"向"人"的转变。因此,人工智能对规则性体能劳动和规则性智能劳动的替代是基于社会科技进步,而劳动者向着更高智能劳动领域发展,一定要借助人力资本投资才能实现,主要是指国家为了经济发展,在教育经费和技术训练等方面所进行的投资。

人工智能来势汹汹,虽然完全替代人类劳动为时尚远,但智能机器、智慧制造、产业机器人和服务机器人正在逐渐进入人类的工作领域,代表着高强度、高效率的生产能力以排山倒海之势进入我们的劳动生活。

三、人工智能对未来劳动者的技术技能需求

随着人工智能在生产生活中的应用不断深化,部分工作岗位被替代的趋势无法阻挡,但智能教育、智能物流、智能交通、智能旅游、智能医疗、智慧城市建设等新事物不断涌现,这也为大学生提供了更多就业机遇和平台。未来社会的清晰全景图是无法预知的,但互联网、物联网、云计算、大数据等技术推动人工智能在各个领域加速应用的趋势却是可以肯定的,由此带来的劳动方式变革也是难以避免的。人工智能凭借机器学习和大数据处理能够高效完成重复性劳动,通过海量大数据不断训练和自我学习,提出全新解决方案,大幅提升工作效率,进而对生产、管理、研发、营销等诸多方面产生深刻的影响。在生产环节,大量工业机器人将在很多岗位和领域代替人类劳动者。人工智能在生产制造领域的应用,意味着传统生产方式的革新和智能装备广泛应用于制造流程,推动制造业向智能化转型,产品个性化、定制批量化、流程虚拟化、工厂智能化、物流智慧化等都将成为未来的趋势。

人工智能不仅能极大促进生产力的发展,更重要的是能深刻改变人类的思维观念和生活方式。为了适应和满足未来工作的需要,对大学生在社交、创新、学习等方面的能力要求也会越来越高。大学生在校学习期间要加强本专业基础知识的学习,系统掌握学科知识,不断提升专业素养、社交能力、独立思考能力、知识整合能力、终身学习能力、创新创业能力等。利用多媒体和网络信息技术打造的"慕课"等智能化学习环境,通过开放、高效、共建、共享的新型智能交互式学习体系,借助大数据智能在线学习平台,有效打破不同专业学习的界限和壁垒,努力使自己成为一专多能的高素质复合型人才,主动适应社会发展。

数字经济的快速崛起对大学生的信息素养提出更高要求,意味着良好的信息素养将成为大学生走向职场的核心竞争力。信息素养并不是简单的技术应用能力,而是更为综合的一种技能,即人们在管理、学习、工作、休闲、娱乐和社交等过程中使用数字通信技术参与社会活动的能力。信息素养不仅是大学生参与数字经济、数字社会和数字文化的前提,也是未来工作对大学生的基本能力要求。

情境单元一 案例解析

袁隆平团队:"禾下乘凉梦"自有后来人

"袁老师逝世前,我们的杂交水稻单季亩产最高纪录是1152.3公斤,他生前一直希望能突破1200公斤。"湖南杂交水稻研究中心栽培生理生态室主任李建武说,今年他和同事们在全国设置了5个攻关试验点,其中一些试验点已实现了这一目标。

在"杂交水稻之父"袁隆平生前工作的湖南杂交水稻研究中心,袁隆平曾经像呵护稻子一样爱护并寄予厚望的年轻人已经成长起来,他们正沿着袁隆平的脚步,继续追寻着"禾下乘凉梦"。

从2011年"跟班学习"超级杂交稻单季亩产900公斤攻关,到2014年以骨干身份参与1000公斤攻关,再到2020年、2021年连续两年实现第三代杂交水稻双季亩产突破1500公斤时"挑大梁"……37岁的李建武在成长过程中,深刻感受到袁隆平对年轻人的关爱与信任。

2008年冬天,当时还未毕业的李建武以实习生身份前往三亚参与科研试验。一天,到试验田查看的袁隆平被一处"种得特别好"的田块吸引,便问"是哪个种的?"李建武被指导老师邓启云拉到袁隆平面前,看着晒得黝黑的李建武,袁隆平连问了好几个问题,李建武都对答如流。

下田,才是成功的"捷径"。李建武一直谨记袁隆平的教诲,每次攻关试验,都需要试验田所在地农民的配合。为了说服和指导大家,李建武总会连续几个月与老乡同吃同住同下田,确保精心设计的栽培方案能顺利实施。

从2018年袁隆平提出"三分地养活一个人"粮食高产绿色优质科技创新工程(简称"三一工程")开始,李建武就一直是项目的主要负责人。2021年,"三一工程"增产粮食20.9万吨,新增经济效益4.3亿元。同年10月,他又和同事们将第三代杂交水稻双季亩产的纪录,从2020年的1530.76公斤提高到1603.9公斤。

我国有10多亿亩盐碱地。袁隆平曾说,希望能在其中"再造亿亩良田",并于2019年提出了"近期实现育种突破、中期提高技术集成度、远期实现产能效益双提升"的三个目标。

今年3月16日,实现这个梦想迈出了重要一步:由来自全国7个省的11家单位组成的国家耐盐碱水稻技术创新中心正式挂牌。牵头单位湖南杂交水稻研究中心组建了专门团队,"80后""90后"年轻人占团队总人数的70%。

1986年出生的湖南杂交水稻研究中心试验基地管理处副处长郭夏宇的主要工作,就是往来于东北、西北、华南和华东的四个区域中心,和专家们一起持续攻关耐盐碱水稻的相关课题。

郭夏宇说,年轻人干劲特别高,常常到了晚上10点多,湖南杂交水稻研究中心办公楼还灯火通明。

努力换来了令人兴奋的成果:目前,他们在全国完成了近10万亩盐碱地改良,完成耐盐碱水稻种植60万亩。内蒙古兴安盟、新疆喀什、海南崖州、江苏南通等试验田纷纷创造了不同类型盐碱地水稻亩产新纪录。此外,他们还在土壤定向调节剂、植物生长调节剂等方面取得了突破。

"我在袁老师身边工作、学习了近10年时间,他一直告诫我们年轻人'种田无小事'。"郭夏宇说,"对耐盐碱水稻的培育,尤其体现了这句话的分量。把荒地变良田,这是我们维护国家粮食安全的一个重要举措。"

30岁的米微微一直记得袁隆平重视杂交水稻国际推广的种种细节。"以前只要中心举办国际培训班,袁老师都会亲自给来自各国的学员颁发结业证书。"米微微2015年进入湖南杂交水稻研究中心产业处工作。在她印象中,袁隆平每次都会事先了解每个学员的国籍,然后根据当地杂交水稻的具体情况,向学员们叮嘱几句。

尽管由于新冠肺炎疫情,培训班的形式由线下改为线上,但米微微和同事们并没有中断杂交水稻的国际推广。

这两年,她一直忙着协助在海外的中国专家和工作人员更新课件,保证培训内容能契合当地实际。去年,他们通过"云授课"等方式,为马达加斯加100多名农技人员集中授课,让他们更好地为当地农民服务。

一年多前,在尼日利亚,湖南杂交水稻研究中心开始了杂交水稻产业链开发,并与当地开展技术培训合作,进行杂交水稻种子生产试验。在几内亚,中心也开始和当地有意愿投资参与杂交水稻产业开发的企业接触……

——摘自新华网

探索与思考

1. 请结合案例说说,劳动是怎样改变世界的?
2. 请说说从案例中学到了什么?
3. 请结合自己的专业,讲讲将来怎样做好工作?

情境单元二　讨论

让人工智能成为"智慧动能"

从人脸识别的逐步应用,到方兴未艾的自动驾驶,人工智能正在越来越多领域发挥作用。科技部、教育部、工信部等6部门联合发布《关于加快场景创新以人工智能高水平应用促进经济高质量发展的指导意见》,统筹人工智能场景创新;科技部发布《关于支持建设新一代人工智能示范应用场景的通知》,支持建设包括智慧农场、智能港口在内的10个人工智能示范应用场景……近段时间,助力培育人工智能应用场景的政策措施接连出台,为牵引推动人工智能落地营造了良好的政策环境。

习近平总书记强调:"人工智能是引领这一轮科技革命和产业变革的战略性技术,具有溢出带动性很强的'头雁'效应。"作为赋能手段,人工智能与实体经济融合,能够引领产业转型,孕育新产业新模式新业态;作为服务人们美好生活的工具,人工智能的应用有助于提升生活品质,满足人们消费升级需求。无论是促进传统产业提质增效,还是培育新的经济增长点,人们对以互联网、大数据、人工智能为代表的新一代信息技术寄予厚望。

应用需求是技术进步的重要推动力。为推动人工智能应用落地,2017年国务院印发

《新一代人工智能发展规划》,截至2021年12月,国家新一代人工智能创新发展试验区已达17个。据测算,我国人工智能核心产业规模超过4 000亿元,企业数量超过3 000家。得益于海量数据处理带来的旺盛需求,丰富应用场景提供的试验土壤,我国在计算机视觉、语音识别等领域走在世界前列。在应用实践中锤炼、迭代和改进的技术,反过来又促进应用更加深化,从而形成技术进步与应用推广相互推进的良性循环。这是我国发展新技术的重要优势,过去人工智能产业发展受益于此,推动人工智能应用迈向更高水平,依然需要用好这一长处。

随着我国数字基础设施建设提速,更多潜在应用场景将会不断涌现。智能制造、智慧城市、智能矿山、智能供应链等,为拓展人工智能应用提供了广阔的舞台。就此而言,应当加快拓展应用场景,进行规模化市场探索,打造形成一批可复制、可推广的标杆型示范应用场景。加速新技术落地,有助于保持我国人工智能发展的优势。挖掘更多应用场景,着力打通落地环节,推动人工智能与相关行业深度融合,人工智能应用必将发挥更大效用。

需要注意的是,发展人工智能产业是一项系统工程。比如,支撑自动驾驶升级,除了"聪明"的车,更要有"智慧"的路,这离不开营造包括技术研发、基础设施、数据流通在内的良好产业生态。此外,发挥应用场景的优势,也需及时补上底层技术的短板。推进人工智能应用走深走实的同时,加强软硬件、底层技术攻关,两者齐头并进,才能增强产业发展后劲,掌握发展的主动权。

犹记北京冬奥会开幕式上,小朋友在舞台上自由跑动,脚下踩出一片片"雪花"。它们时而散开,时而汇聚,星光也跟着孩子们的脚步流动,这是"人工智能实时视频特效"带来的神奇效果。未来几年是人工智能技术跃迁的重要窗口期,随着应用场景资源的持续开放,场景创新能力的不断提升,人工智能与产业的融合必将更加紧密,人工智能的应用也必将迈向更高水平,为促进经济社会高质量发展注入源源不断的智慧动能。

——摘自新华网

讨论

1. 请结合案例讨论一下目前人工智能的主要应用领域?
2. 请结合案例讨论一下人工智能如何与行业深度融合?
3. 请结合案例讨论一下未来人工智能的发展方向?

扩展阅读

习近平说,"袁隆平同志是一个楷模"

2021年5月22日,"杂交水稻之父"袁隆平与世长辞。主送别厅里摆满花圈,其中一个写有"习近平敬挽"。习近平总书记还委托时任湖南省委书记专程看望袁隆平家属,转达对袁隆平的深切悼念和对其家属的亲切问候。

习近平强调,我们对袁隆平同志的最好纪念,就是学习他热爱党、热爱祖国、热爱人民,信念坚定、矢志不渝、勇于创新、朴实无华的高贵品质,学习他以祖国和人民需要为己任,以奉献祖国和人民为目标,一辈子躬耕田野,脚踏实地把科技论文写在祖国大地上的崇高风范。

第七模块　未来劳动

一

2013年"五一"劳动节前夕,作为全国劳动模范代表,袁隆平受邀来到全国总工会机关参加座谈会。会上,他向习近平总书记说起自己的两个梦:

一个是禾下乘凉梦,梦想试验田里的超级杂交水稻长得有高粱那么高,稻穗有扫把那么长,谷粒有花生米那么大,他坐在禾下悠闲地纳凉。

另一个是杂交水稻覆盖全球梦。袁隆平算过一笔账,全世界有1.6亿公顷的稻田,如果其中一半种上杂交水稻,每公顷增产2吨,每年增产的粮食可以多养活5亿人口。

袁隆平说:"这就是我的中国梦,前一个是我真实做过的梦,后一个是我多年来的梦想。实现这两个梦是我终生的追求。"座谈会上,他拿出两张超级杂交稻的照片递给总书记。

看到像瀑布一样的超级稻,习近平说:"超级稻,真是颗粒饱满啊。你这是一个伟大的事业。我们国家包括整个世界,现在还是要为粮食安全积极奋斗。全世界还有很多人吃不饱肚子,我和很多国家在谈合作时都谈到粮食安全领域的合作,很多人都提到对我们农业的先进科技特别是杂交水稻这方面的合作。所以我们这项事业是造福祖国人民、造福世界的一项事业。"

当时,袁隆平种植的第三期超级杂交稻提前实现了亩产900公斤的目标。在总书记面前,这位老人坚定地表示:"在我有生之年,亩产1 000公斤我也不满足,我还要向选育第五期、第六期超级杂交稻进军,直到实现禾下乘凉梦。"

习近平和大家一起为老科学家的豪迈气概热烈鼓掌。

二

位于海南三亚的国家南繁科研育种基地是袁隆平的"福地"。他不止一次说,杂交水稻的成功一半归功于南繁。当地独特的热带气候有利于农作物加代繁殖,其他地方培育新品种要花8—10年,在南繁,这一周期可以缩短1/3甚至一半。

2018年4月,习近平冒着30多摄氏度的高温来到国家南繁科研育种基地。见到袁隆平时,习近平问候说:"你身体还很硬朗啊!"袁隆平爽朗一笑,指向身后100亩的超级杂交水稻展示田:"谢谢总书记。看看我们的超级稻吧,很好看嘞!"

那片水田里,种着国家杂交水稻工程技术研究中心的最新成果"超优千号"。沿着田埂,习近平走进超级水稻展示田。走走停停,他低着头仔细查看超级稻的长势,时而指点,时而侧脸与袁隆平交流。当听到超级杂交稻品种屡创世界水稻单产最高纪录,习近平十分高兴。

汇报中,袁隆平讲起"超优千号"的趣闻。"有一次,我拿这种米给日本水稻专家品尝,他们说,口感可以媲美日本高级水稻品种'越光',我说,'越光'亩产800市斤,我们是800公斤!这么好的稻子,印度专家看了都流连忘返!"

十几亿人口要吃饭,这是中国最大的国情。在烈日炎炎的三亚,习近平强调,良种在促进粮食增产方面具有十分关键的作用。要下决心把我国种业搞上去,抓紧培育具有自主知识产权的优良品种,从源头上保障国家粮食安全。

端稳中国饭碗,袁隆平深感重任在肩:"我们从事农业科研的人,要勇于把确保粮食安全这副担子挑起来。"

三

新中国成立70周年之际,袁隆平被授予"共和国勋章"。启程赴北京领奖的前一天,他还专门下田跟超级稻告别。

颁授仪式上,人们注意到,习近平和袁隆平说起"悄悄话"。接受采访时,袁隆平笑着说:"总书记问我有什么进展?我说,我们正在向 1 200 公斤亩产冲刺!"在袁隆平看来,沉甸甸的勋章,既是鼓励更是鞭策,"我不能躺在功劳簿上睡大觉,应该继续努力,继续攀高峰"。袁隆平赶回湖南后,第一件事还是看水稻。

这位"看上去更像农民"的科学家,不在家就在试验田,不在试验田就在去试验田的路上。晚年的袁隆平工作热情不减,每天早晨 8 点起床,一边看着屋后的杂交稻一边做健身操。现在,很多人手机不离身,而他贴身带着的是电子计算器,方便随时随地计算水稻产量。有人问袁隆平这辈子最关心什么?他脱口而出"最关心杂交稻"。

如今,袁隆平超级杂交水稻蒙自示范基地连续 4 年百亩片平均亩产超 1 100 公斤;袁隆平"海水稻"团队种植的 10 万亩"海水稻"平均亩产稳定超过 400 公斤;杂交水稻推广到全球 60 多个国家和地区,海外种植面积 700 多万公顷……

4 年前,习近平曾在南繁田垄上听袁隆平讲稻谷。今年 4 月,习近平再次来到海南三亚。他说:"我们要弘扬老一代科技工作者的精神,袁隆平同志是一个楷模。"

——摘自人民网

参考文献

[1]邱同保.大学生劳动教育[M].北京:机械工业出版社,2021.
[2]张元,李立文.劳动教育和职业素养[M].北京:机械工业出版社,2021.
[3]蔡炳育,吴自力.大学生劳动教育教程[M].北京:北京出版社,2020.
[4]习近平谈治国理政[M].北京:外文出版社,2014.